吉田松陰名言集

思えば得るあり学べば為すあり

八幡和郎 監修

宝島
SUGOI
文庫

宝島社

はじめに

中国では孔子《こうし》の功罪について議論が盛んだ。毛沢東《もうたくとう》は諸悪の根源のように扱ったが、このごろは再評価もされていて、賛否両論らしい。近年も天安門広場に銅像がいったん建てられたが、すぐに撤去されたのはその表れだ。ただ、ほとんどの中国人が一致しているのは、教育者としての素晴らしさであって、海外における中国文化センターは「孔子学院」と呼ばれている。

それでは、日本史でそれに匹敵する史上最強の教育者は誰かと言えば、これはもう、吉田松陰しかいない。松下村塾の生命はごく短いものだったが、そこで、明治維新という革命を成し遂げ、また、近代日本をつくりあげた逸材の多くを育てた。長州藩が封建時代において力を蓄え、四民一体となって幕府を倒して近代社会をつくりあげる運動の基礎をつくったのは、戦国時代にまで遡る伝統と、多くの名君たちと良き家臣、そして領民の努力が結集したものだが、それに火を付けて爆発させたのは吉田松陰である。

また、素晴らしいのは、ひとつのタイプでなく、個人個人の持ち味を生かして百花繚乱ともいうべき人物群を輩出したことだ。二〇一五年のNHK大河ドラマ『花燃ゆ』の主人公である松陰の妹・杉文《すぎふみ》の最初の夫となった久坂玄瑞《くさかげんずい》をはじめ、高杉晋作《たかすぎしんさく》、伊藤博文《ひろぶみ》、山縣有朋《やまがたありとも》、井上馨《かおる》ら、ほとんど共通性がない鬼才を生み出したことはまさに奇跡であった。

そして、近代になっても何事かを成そうとする人たちに、吉田松陰は、大きな力を与えてきた。最近も、安倍晋三首相が松陰を敬愛していることはよく知られたとおりであるが、韓国の朴槿恵《パククネ》大統領の父である朴正熙《パクチョンヒ》元大統領も、吉田松陰や高杉晋作に学んで国づくりをやっていると言っていた。

志を持つなら、「時代や国籍も超えて松陰に学ぶべし」といっても過言ではないし、孔子の言葉を学ぶより日本人なら吉田松陰の言葉こそ自家薬籠中の物とし、自分を律し、人を導くのに役立てるべきだろう。

目次　吉田松陰名言集　思えば得るあり学べば為すあり

第二章　学び

第三章　リーダー

第四章 仲間

第五章　心

第一章 志

『鞠躬力《きききゅうちから》を尽し、死して後己《のちや》むのみ』

↓一度志したことは、死ぬまでやめない

【原文】

鞠躬力《きききゅうちから》を尽し、死して後己《のちや》むのみ、是れ其の宜《ぎ》なり（安政《あんせい》四年六月二十七日『福原清介《ふくはらせいすけ》に復す』より）

【訳】

「一度志したことは、全身全霊で力を尽くし、やめるのは死んだ後だけだ。これはまさにそのとおりだなあ」

【解説】

松陰は30歳で処刑されるまでの短い生涯の中で、幕府や国の方向性を正すべく尊王攘夷論《そんのうじょういろん》を貫き、度重なる困難に遭いながらも決して志を諦めなかった。死をも厭《いと》わず信念を貫き、幕府や藩という巨大な権力にも屈しない姿勢は見事というべきほかない。この言葉は、※1松下村塾門弟の福原清介《ふくはらせいすけ》に宛てた手紙の中の一節。じつはこの翌月、※2野山獄《のやまごく》で出会った富永有隣《とみながゆうりん》が松陰の尽力によって放免され、松下村塾の師範として招かれている。松陰は野山獄を出てからも、ともに過ごした同囚たちの放免の嘆願を諦めずに出し続けていたのだ。決めたら達成するまで諦めないという松陰自身の決心の言葉ともとれる。

※2 二を参照

※1 十を参照

『汝《なんじ》は汝たり、我《わ》れは我れたり』

→人にどう言われようと私には関係がない

【原文】

今黜辱《ちゅつじょく》せられて囚奴《しゅうど》となり、復《ま》た士林《しりん》に歯《し》することを得ざるに至る。然《しか》れば世の真の武士より吾が徒《と》を見ば、復た士道あることなしとせんも当然なり。然れども汝《なんじ》は汝たり、我《わ》れは我れたり。人こそ如何《いかん》とも謂《い》へ（安政《あんせい》二年六月二十七日『講孟劄《こうもうさっ》記《き》』より）

【訳】

「今、囚人の身となり辱めを受け、再び武士の仲間に入れないでいる。それゆえ、世の中の真の武士が我々を見れば、再び我々に武士たるの道がないと言うのも当然であろう。しかしお前はお前であり、私は私である。人は何とでも言え」

【解説】

『講孟箚記《こうもうさっき》』とは、松陰が※黒船密航の容疑で捕らえられ、萩《はぎ》の野山獄《のやまごく》に収監されていたとき、囚人たちに行った「孟子《もうし》」の講義記録である。希望を失った囚人たちに多くの知恵と希望を授け、もう一度世の中に送り出したいと願ったのだ。松陰は、この一節のあとで「願わくは諸君と志を励まし、武士とはなんたるかという道を究《きわ》め、不動の信念を鍊磨し、われわれの武道・武義を究めることができれば、たとえ獄中で死んだとしても少しも遺憾とするところはない」と言っている。自分も苦しい境遇にありながら、囚人たちに再び生きる希望を持たせるために送った松陰の熱いメッセージである。

※十七を参照

『已《や》む可《べ》からざるに於《おい》て已む者は、已まざる所なし』

↓大切なことを途中でやめてしまう者は、何も成し遂げられない

【原文】

已《や》む可《べ》からざるに於《おい》て已む者は、已まざる所なし。厚くする所の者に於て薄ければ、薄からざる所なきなり（安政《あんせい》三年五月二十九日『講孟箚記《こうもうさっき》』より）

その三

【訳】

「やめてはいけないことをやめてしまう者は、どんなこともやめないことはない。手厚く行わなければならないことに手を抜く者は、どんなことにも手を抜かないことはない」

【解説】

これは、松陰が抜粋した孟子の言葉である。「已《や》む可《べ》からざるに於《お》いて……」の一節は、自分の身をきちんと修める、つまり家をととのえることが第一で、やめてはいけないことである、それができてからはじめて国を治めることができる、と松陰は解釈している。松陰は妻子を持たなかったが、両親や兄弟姉妹とは深い絆で結ばれていた。九州や江戸へ遊学中も家族のことを気にかけ、よく手紙を送っていたという。家庭を二の次にして仕事を優先する男は、目先の功績を上げることができても、偉業を成し遂げるのは難しいということだ。

『徳に周《あまね》き者は徒《いたずら》に邪世《じゃせい》其《そ》の心を乱す能《あた》はざるのみならず、又《また》能《よ》く人を薫化《くんか》して乱れざらしむるに足る』

↓意志の強い人は、時代や社会に流されず、さらに周りの人々を正しく導くことができる

【原文】

利《り》に周《あまね》き者は徒《いたずら》に凶年《きょうねん》其《そ》の身を殺す能《あた》はざるのみならず、又《また》能《よ》く人を賑救《しんきゅう》して、并《あわ》せて死せざらしむるに足る。徳に周き者は徒に邪世《じゃせい》其の心を乱す能はざるのみならず、又能く人を薫《くん》化《か》して乱れざらしむるに足るなり（安政《あんせい》三年六月四日『講孟劄《こうもうさっ》記《き》』より）

【訳】

「利益を得ることに用意周到な者は、凶作の年にもその身を死なせないだけでなく、さらに、多くの人々を死なせずに救うことができる。徳を修めることに用意周到な者は、悪いことが横行する時代でも、その正しい心を乱れさせないだけではなく、さらに、人々を教化して、乱れないようにすることができる」

【解説】

大抵の人間は、社会や時代の大きな動き（ここでいう〝邪世《じゃせい》〟）に飲まれてしまうものだが、意志の強い者はその困難に倒れることなく、周囲の人間まで救うことができる、と解釈できる。これは、国を正しい方向へ導こうという立派な志を持っていながら罰せられ、囚われの身となりながらも囚人たちを救おうとした、松陰そのものではないだろうか。苦しいときこそ、人間の器が出るとはよく言ったものである。

『死《し》狐《こ》、丘《おか》に首《かしら》す』

↓私は、決して本来の大切な志を忘れない

【原文】

縦《たと》ひ仁人《じんじん》の譏《そしり》を受《う》くとも、死《し》狐《こ》、丘《おか》に首《かしら》す。誓《ちか》つて正者《せいじゃ》の志《こころざし》を遂《と》げん（安政《あんせい》六年五月六日『庸書《ようしょ》の檄《げき》』より）

【訳】

「狐は死に際に、自分が生きてきた丘に首を向けるという。つまり、本《もと》を忘れないということ。そのように、たとえ心ある人の非難を受けたとしても、誓って、私は正しい志を遂げよう」

【解説】

これは中国の書物『礼記《らいき》』の中の言葉である。『庸書《ようしょ》の檄《げき》』は、安政《あんせい》の大獄《たいごく》で捕縛された梅田雲浜《うめだうんぴん》との間柄を疑われ、江戸に召還される直前に萩《はぎ》で記したもの。江戸へ送られても大老・井伊直弼《いいなおすけ》の暴挙には屈せず、自分の志を決して忘れないという松陰の強い意志が込められているのではないだろうか。その後、松陰は江戸で井伊の右腕であった老中・間部詮勝《まなべあきかつ》暗殺計画を打ち明けたことによって投獄され、約5ヶ月後の10月27日に処刑される。

『志士とは志達《したつ》ありて節操を守る士なり』

↓志士とは、高い志を持ち、自分の信じる道を堅く守って変えない者のことだ

【原文】

志士とは志達《したつ》ありて節操を守る士なり。節操を守る士は、困窮するは固《もと》より覚悟の前にて、早晩《そうばん》も飢餓《きが》して溝谷《こうこく》へ転死《てんし》することを念《おも》うて忘れず（安政《あんせい》二年八月二十一日『講孟箚記《こうもうさっき》』より）

【訳】

「志士とは高い志を持ち、節操を守って変えない者である。節操を守る者は、困り苦しむ事は覚悟の上であるので、遅かれ早かれ飢えに苦しんで、溝や谷へ転げ落ちて死ぬことも厭《いと》わないという覚悟があり、これを忘れないものだ」

【解説】

「志士は溝壑《こうがく》に在ることを忘れず、勇士は其の元《かうべ》を喪《うしな》ふことを忘れず」という孟子の言葉を受けた松陰の説明。この後に、いま自分は囚人となり野山《のやま》の獄《ごく》で死のうとしているが、節操を変えることなく、むしろ獄舎で一生を終えることは本望である、と言っている。松陰は6歳から孟子を教え込まれたが、投獄され改めて囚人たちへ教えたことで、孟子の言葉を我が身に置き換え、26歳で初めて自分のものにしたのである。現代において死を覚悟することなど滅多にないが、この時の松陰の気持ちを考えれば、我々のどんな困難も容易《たやす》いものに感じはしないだろうか。

『十分の得意は甚《はなは》だ難《かた》き事にて、千載一遇と申すべく候』

↓思い通りになることなど、千年に一度と思え

【原文】

天下の事何《ことなに》に依《よ》らず、十分の得意は甚《はなは》だ難《かた》き事にて、千載一遇《せんざいいちぐう》と申すべく候（嘉永《かえい》二年八月『守永弥右衛門《もりながやえもん》に与ふる書』より）

その七

【訳】

「世の中のことはどんなことも、すべて自分の望み通りになるということは大変難しいことで、千年に一度ほどしかその機会に巡りあえない、というべきである」

【解説】

『吉田松陰』（岩波文庫）を著した明治のジャーナリスト徳富蘇峰《とくとみそほう》は、著書の中で「彼の歴史は蹉跌《さてつ》の歴史なり。彼の一代は失敗の一代なり」と言っている。黒船密航や老中暗殺計画などことごとく頓挫《とんざ》し、度重なる投獄と自宅幽閉を余儀なくされてしまった松陰。自分の望み通りになることなど何一つないと、身をもって実感していたに違いない。しかし、何事も思い通りにならないと思っていたからこそ、不屈の精神を持てたのではないか。

『心身家国《かこく》切実の事務を以《もっ》て世上話《せじょうばなし》となす者、取るに足るものあることとなし』

↓自分にとって大切な問題を軽々しく人に話すべきではない

【原文】

心身家国《かこく》切実の事務を以《もっ》て世上話《せじょうばなし》となす者、取るに足るものあることとなし。是、人を知るの真訣《しんけつ》なり。然《しか》れども是を以て人を知るの訣《けつ》とするも亦《また》世上話の類のみ。宜しく親切反省すべし

（安政《あんせい》二年六月二十二日『講孟劄記《こうもうさっき》』より）

【訳】

「自分の心や体、家や国などの大切な問題を世間話にするような者は、取るにたらない者である。これこそ、その人物の器を見極める秘訣である。しかし、これを秘訣とすることもまた、世間話の類である。自分の大切な問題としてしっかり反省するべきだ」

【解説】

この言葉は、魏《ぎ》の国の襄王《じょうおう》が、四方から敵に攻められている危機的状況の中で、「天下はどのような姿で落ち着くか」と孟子《もうし》に聞いた、という話を松陰が評した一節。困難な状況の中、襄王がまるで人ごとのように、自分の国の行く末を孟子に聞いたことは、真剣に国の命運を考えている者のすることではないと言っている。自分自身の大切な話は、自分の中でしっかりと考え、反省し、人にぺらぺらと話すものではないのである。

『君子《くんし》は徳義《とくぎ》なきを恥ぢ、小人《しょうじん》は名誉なきを恥づ』

↓立派な人間は自分の内面の弱さを恥じ、つまらない人間は外面の悪さを恥じる

【原文】

君子《くんし》は徳義《とくぎ》なきを恥ぢ、小人《しょうじん》は名誉なきを恥づ。君子は才能なきを恥ぢ、小人は官禄なきを恥づ。（中略）大抵《たいてい》小人の恥づる所は外見なり。君子の恥づる所は内実なり（安政《あんせい》三年五月十四日『講孟箚記《こうもうさっき》』より）

【訳】

「すぐれた人間は、徳や義理の心がないことを恥じ、つまらない人間は、名誉がないことを恥じる。すぐれた人間は才能がないことを恥じ、つまらない人間は官位や俸禄が低く、少ないことを恥じる。（中略）だいたい、つまらない人間が恥じるのは外面《そとづら》に関することで、すぐれた人間が恥じるのは心の内面についてである」

【解説】

この一節は、孟子《もうし》の「恥」についての二つの文章を受けて松陰が書いたもの。一つ目は「人は恥ずる心がなくてはいけない。恥ずる心がないことを恥じれるなら、恥じる必要はない」。二つ目は「恥じることは人にとって重要なこと。その場のがれで言い訳ばかりする者は、恥じる気持ちがない。自分が人に及ばないことを恥じない者は、人並みの人間になることはできない」。恥じることが、人にとってどれだけ大切かということである。

『職の上に於《おい》て、天命時運《てんめいじうん》と云ふことは決して言はれぬなり』

↓仕事の結果を天運のせいにしてはいけない

【原文】

各々《おのおの》其の職の上に於《おい》て、天命時運《てんめいじうん》と云ふことは決して言はれぬなり。（中略）己《おの》が職を自ら廃し、是れを時運天命に附《ふ》せば、不忠不孝《ふちゅうふこう》、不仁不義《ふじんふぎ》、皆時運《みなじうん》天命になるなり（安政《あんせい》三年五月十七日『講孟箚記《こうもうさっき》』より）

【訳】

「それぞれの人が自分の仕事のことにおいて、天命であるとか、時のめぐり合わせだからなどと決して言うことはできない。（中略）自分の仕事を自分から放棄し、これを時運や天命のせいにするなら、不忠、不孝、不仁、不義なども、みんな時運、天命となってしまう」

【解説】

松陰は安政元年から、処刑される安政6年まで、投獄や自藩幽閉などの処罰をくり返し受けるようになるが、その間も大変多くの読書や講義を行い、教育者としての素質を養っていく。この一節は、野山獄《のやまごく》から解放されたのち、自宅幽室にて家族に講義を行った内容。これが発展して松下村塾となる。松陰はその使命を果たせない状態にありながらも、諦めずにできることを積み重ねた結果、藩から松下村塾の運営を許されることになった。どんな状況でも決して自暴自棄にならず、そこでできることを行わなくてはいけないのである。

『武士誠《まこと》に此《こ》の三事《さんじ》を以《もつ》て日々の常職とせば、武士たらざらんと欲すと雖《いえど》も得《う》べからず』

↓やるべきことを毎日の習慣として行えば、才能とは関係なく自然にその道を極められる

【原文】

武士一日《いちじつ》の事、諸子に謁《えっ》し賓客《ひんかく》に対するの外《ほか》、武芸を習ひ、武義を論じ、武器を閲するの三事《さんじ》に過ぎず。武士誠《まこと》に此《こ》の三事を以て日々の常職とせば、武士たらざらんと欲すと雖《いえど》も得《う》べからず。其の才不才、智不智に至りては強ひて論ずるに足らず。

（安政《あんせい》三年八月『武教全書講録《ぶきょうぜんしょこうろく》　燕居《えんきょ》』より）

【訳】

「武士の一日は、仲間や客に会うほかには、武芸を習い、武士とはなんたるかを論じ、刀などの武器を手入れすることの三つにすぎない。武士は、この三つを日々の常識としていれば、武士であろうと願わなくても本当の武士になれるだろう。才能、才知の有無はあえて論ずる必要がない」

【解説】

『武教全書講録《ぶきょうぜんしょこうろく》』は、山鹿素行《やまがそこう》の主著『武教全書』を、安政3年の自宅謹慎の時期に親戚子弟を集めて講義した記録である。偉人と評された松陰だが、幼い頃から父と叔父に厳しい教育を施され、人一倍努力してきた。その後も非常に多くの書物を読み、学者や思想家のもとで見識を広め、生涯努力を怠らなかった。優秀な人を見て、生まれ持った才能だから、などと言うことはできない。どんな人物にも、その才知の根底となる日々の修練がある。

『為《な》して成《な》らずんば輟《や》めざるなり』

↓一度立てた志は、できるまで絶対にやり抜く

【原文】

一月《ひとつき》にして能《よ》くせずんば、則《すなわ》ち両月《りょうげつ》にして之《こ》れを為《な》さん。両月にして能くせずんば、則ち百日にして之れを為さん。之れを為して成らずんば輟《や》めざるなり（安政《あんせい》四年 閏《うるう》五月三日『諸生《しょせい》に示す』より）

【訳】

「一ヶ月でできなければ、二ヶ月かけても、これをなし遂げたい。二ヶ月でもできなければ、百日かけてもこれをなし遂げたい。これでできなければ、できるまでやめない」

【解説】

安政3年、謹慎中の松陰が自宅で講義をしていることが萩の志士たちの間で噂になり、それを聴こうと多くの子弟が集まる。そして、叔父・玉木文之進《たまきぶんのしん》が興した松下村塾を再興させることとなった。その門下生たちに宛てた一節。幕末の国難のなかでこれから起きるであろうさまざまな混乱と困難を予想し、門弟たちに決して志を諦めてはいけないと教えている。こうした教えが、維新で日本を引っ張っていく志士たちの血肉となっていったのである。

『創業は難《かた》きに似《に》て易《やす》く、守成《しゅせい》は易きに似《に》て難し』

↓事業を始めることは難しいようで簡単だが、事業を続けるほうが実は難しい

【原文】

創業は難《かた》きに似《に》て易《やす》く、守成《しゅせい》は易きに似《に》て難し（嘉永《かえい》四年六月『曹参論《そうしんろん》』より）

その十三

【訳】

「事業を始めることは難しいようでやさしい。創業の後、事業を守ることは簡単なようで難しい」

【解説】

松陰は10歳にして藩校明倫館《はんこうめいりんかん》で家学《かがく》を教授、11歳で藩主・毛利敬親《もうりたかちか》に『武教全書《ぶきょうぜんしょ》』を講義し賞賛された神童であった。しかし19歳で独立師範となったとき確かな手応えを得られず、諸国遊学の旅に出る。その後、松陰は30年の生涯を終えるまで、多くの経験を積み精進し続けたのである。何事も未経験のことを一から始めるのは難しいように思う。だからこそ始めは勢いがあるし、全力で取り組むので上手くいくことも多い。だが実際は、そのモチベーションを長いあいだ持続させ、功績を維持し続けることのほうが難しいものである。瞬発力ではなく、継続力こそ大切だということだ。

『人生倏忽《しゅうこつ》、夢の如《ごと》く幻《まぼろし》の如し、毀誉《きよ》も一瞬、栄枯《えいこ》も半餉《はんしょう》』

↓人生は短く、批判も名誉も繁栄も衰退もすべて一瞬で消えてしまうから、人の心に残ることを一つだけ成し遂げればいい

【原文】

人生倏忽《しゅうこつ》、夢の如く幻の如し、毀誉《きよ》も一瞬、栄枯《えいこ》も半餉《はんしょう》、唯《た》だ其《そ》の中に就《つ》き、一箇《いっこ》不朽《ふきゅう》なるものを成就《じょうじゅ》せば足る（安政《あんせい》六年二月二十二日『松如《しょうじょ》に復《ふく》す』より）

【訳】

「人生は極めて短く、夢や幻のようなもので、誹《そし》りも、褒められることも一瞬のことであり、栄えることも衰えることも瞬時である。ただその人生の中で、一つだけ永遠に朽ちないことを成し遂げられれば十分である」

【解説】

松陰の親友、土屋《つちや》松如《しょうじょ》（蕭海《しょうかい》）へ送った手紙。これを記した前年、大老・井伊直弼《いいなおすけ》が朝廷の許可を得ずに日米修好通商条約を調印。翌年松陰は要駕策《ようがさく》（政治の議論を幕府から朝廷へ移すため、長州藩主・毛利敬親《もうりたかちか》が参勤交代で江戸へ来る折、京都の公卿《くぎょう》・大原重徳《おおはらしげとみ》を介して京都に入ってもらう）を立案する。この計画に門弟たちは反対し、松陰は孤立無縁となり失敗に終わる。この一節は、二度目の「要駕策」決行の2日前に書かれたもの。周囲に反対され、自分が犠牲になろうとも、幕府の間違った行いを正しい道へ導き一つでも世の中のためになることを成し遂げようと奮闘していた心情が見て取れる。

『聖賢《せいけん》の尊《たっと》ぶ所は、議論に在《あ》らずして、事業に在り』

↓大切なのは、議論ではなく行動だ

【原文】

聖賢《せいけん》の尊《たっと》ぶ所は、議論に在《あ》らずして、事業に在り。多言《たごん》を費《ついや》すことなく、積誠《せきせい》之《こ》れを蓄へよ（安政《あんせい》三年六月二日『久坂生《くさかせい》の文を評す』）

その十五

【訳】

「賢く徳のある人が大切にすることは、議論ではなく、行動である。口先ばかりでなく、正しい行いを積み重ねて徳を蓄えなさい」

【解説】

松下村塾の門下生で、松陰に「天下の英才」と言わしめた長州藩医の子、久坂玄瑞《くさかげんずい》に、萩《はぎ》の松本から送った松陰からの手紙。松陰は、自分には多言なところがあり、余計なことを話してしまうときがあってよくない、と言っている。それゆえか、門弟に口先ばかりの※おしゃべりな男になるなと度々説いているのである。妹の文《ふみ》と結婚させた玄瑞にはとくに大きな期待をかけていたのだろう。言葉ではなく、きちんと行動に表せる人間こそが誠実であるというのは、今も昔も変わらない。

※二十二を参照

『君父《くんぷ》あらん者は、労して怨《うら》みずと云うことを落着すべし』

→何があろうと師や父を怨んではいけない

【原文】

暴君・頑父《がんぷ》と云《い》へども、臣子たる者、善《よ》く己《おのれ》が忠孝《ちゅうこう》を尽す時は、豈感格《あにかんかく》せざるの理あらんや。（中略）苟《いやしく》も君父《くんぷ》あらん者は、労して怨《うら》みずと云うことを落着すべし。諫《かん》行はざれども言聴《き》かれざれども、功ありて却《かえっ》て罰せられ、志ありて却て疎《うと》ぜらるると云へども、毫末《ごうまつ》も怨心《えんしん》あるべからず（安政《あんせい》二年九月七日『講孟《こうもう》箚記《さっき》』より）

【訳】

「暴君や頑《かたく》な父でも、家臣や子供がよく忠孝の道を尽す時は、感動感化していないはずがない。（中略）ゆえに、君主や父をどんなに苦労しても怨んではいけない。君主や父に対し欠点や過失を指摘し、聴き入れられなくても、功績を挙げて罰せられても、志があることを疎まれても、少しも怨んではいけない」

【解説】

松陰の父で萩《はぎ》藩士の杉百合之助《すぎゆりのすけ》は、勤勉かつ極めて厳格、無口で笑顔も見せないような人物だった。大変な読書家で、膨大な知識を長男の民治《みんじ》と次男の松陰に教え込んだと言われる。また、松陰は山鹿流兵学師範《やまがりゅうへいがくしはん》の吉田家へ養子に行くこととなり、叔父の玉木文之進《たまきぶんのしん》からも厳しい教育を受ける。厳格な父、叔父を子供時代の松陰がどう感じていたのかはわからないが、一人前の志士になった時、豊かな教育を施してくれたことを感謝しなかったはずはない。師や父親とは、必ず大切な何かを与えてくれる存在なのである。

『菲才或《ひさいあるい》は敗《はい》を致《いた》すも、素志《そし》は終《つい》に摧《くだ》けず』

↓自分の才能不足で失敗しても志を失うな

【原文】

菲才或《ひさいあるい》は敗《はい》を致《いた》すも、素志《そし》は終《つい》に摧《くだ》けず（安政《あんせい》元年『五十七《ごじゅうしち》短古《たんこ》』より）

【訳】

「私は才能がないので、もしかすると失敗するかもしれない。しかし、平素の志が失われることはない」

【解説】

幕府は、安政元年の3月に日米和親《わしん》条約、8月にはイギリスと和親条約を結ぶなど、次々に列強の言いなりになっていく。松陰は佐久間象山《さくましょうざん》の教えのもと弟子の金子重輔《かねこしげのすけ》とともに二度目の来航を果たしていた米国艦隊に乗り込み、アメリカへ密航しようとするが失敗。松陰が珍しく弱気な発言をしているのは、突如として日本に立ちはだかった西欧列強のパワーと圧力の前で、どうにもできない自分を情けなく感じていたからだろうか。松陰ほどの偉人も当然弱気になることはあった。それでも志を貫くことを忘れてはいけないのである。

『検吝《けんりん》の弁を知るべし』

↓倹約することと、ケチることはまったく違う

【原文】

検吝《けんりん》の弁を知るべし。俗人は倹約の一段強きを吝嗇《りんしょく》と心得る者多し。殊《わけ》て知らず、倹約と吝嗇とは判然として両事なり。倹は義を主とす、公なり。（中略）吝は利を主とす、私なり（『武《ぶ》教全書講録《きょうぜんしょこうろく》 財宝器物《ざいほうきぶつ》』より）

その十八

【訳】

「倹約とケチは違うことを知るべきである。世俗の者には、倹約をさらに強くしたものをケチだと思っている人が多い。これは区別を知らないのであって、倹約とケチはまったく別のものである。倹約とは、義を中心とした公ものである。（中略）ケチは、利益を中心とした私的なものである」

【解説】

武士という身分が職業だった江戸時代と現在も、倹約とケチの定義は同じである。倹約は衣食住など私的なものを節約して蓄え、それを主君や仲間、貧しい人の役に立てることで、ケチは私的なものを他人に決して与えず、それで贅沢をすることであり、最後には金の亡者になって死ぬとまで松陰は言っている。金持ち＝ケチ、という考えが日本にはあるが、金持ちで倹約をしている人がいても、大切なのはいざという場面できちんと公に還元しているかどうかである。

『織田信長角力《おだのぶながすもう》を賞するには煨栗《やきぐり》三つを以《もっ》てし、将士《しょうし》の功に報ゆるには国郡《こくぐん》の封《ほう》を惜しまず』

↓織田信長の相撲の褒美は焼き栗3つであったが、武将の功績には国や郡の領土を惜しまなかった

【原文】

織田信長角力《おだのぶながすもう》を賞するには煨栗《やきぐり》三つを以《もっ》てし、将士《しょうし》の功に報ゆるには国郡《こくぐん》の封《ほう》を惜しまず。黒田孝高《くろだよしたか》は魚肉をば味噌漬にして貯《たくわ》へたれども、日根野備中《ひねのびっちゅう》が返金をば辞《じ》して受けず。（中略）皆善《よ》く検吝《けんりん》の弁《べん》を示したると云ふべし（『武教全書講録《ぶきょうぜんしょこうろく》 財宝《ざいほう》器物《きぶつ》』より）

その十九

【訳】

「織田信長の相撲の褒美は焼き栗3つであったが、武将の功績には国や郡の領土を惜しまなかった。黒田孝高官兵衛は魚肉を味噌漬けにして蓄えたけれども、日根野備中からの返金は辞退して受け取らなかった。（中略）どれもよく、倹約とケチの違いを示していると言うべきである」

【解説】

「※検吝《けんりん》の弁」を受けて、松陰が歴史上の偉人の逸話を紹介した一節。黒田官《くろだかん》兵衛《べえ》は倹約家で知られた武将である。出陣費用を借りに来た日根野備中守《ひねのびっちゅうのかみ》に官兵衛は快く金を貸すのだが、後日、備中が返金とお礼の鯛を持参すると、官兵衛は鯛を一切無駄にしないよう、調理の細かい指示を家臣に与えた。その細かさに驚き、早く返金しなければ大変なことになると焦った備中が金を差し出すと、「日頃から節約に励んでお金を貯めているのはこういう時のためだから返す必要はない」と言ったという。倹約家とケチの違いがよくわかる話である。

※十八を参照

『一時《いちじ》の屈《くつ》は万世《ばんせい》の伸《しん》なり』

↓一時の挫折は、さらなる飛躍につながる

【原文】

家君欣然《かくんきんぜん》として曰く、「一時《いちじ》の屈《くつ》は万世《ばんせい》の伸《しん》なり、庸詎《いずくん》ぞ傷《いた》まん」と（安政《あんせい》五年十二月三十日『投獄紀事《とうごくきじ》』より）

【訳】

「父上がうれしそうに言った。『一時的に屈することは、将来、永遠に伸びるための糧となる。どうして、悲しむことがあろうか。ありはしない』と」

【解説】

この一節は老中暗殺計画の一件で投獄された、野山獄《のやまごく》で書かれたもの。投獄される前、親戚や門生たちと別れを惜しみ、父に別れを告げたときに送られた激励の言葉である。このとき、松陰は二度目の投獄。本人はこのことをどうとらえていたのだろうか。松陰も人間である。心が挫《くじ》けそうになったこともあるのではないか。それを奮い立たせるため、父の言葉を文字にしていったのかもしれない。時代を越えて、われわれの心も奮い立たせてくれる名辞である。

『有志《ゆうし》の士《し》は観《み》る所《ところ》あれば則《すなわ》ち必ず感ずる所あり』

↓目的をしっかりと持っていれば、体験したことすべてから得るものがある

【原文】

有志《ゆうし》の士《し》は観《み》る所《ところ》あれば則《すなわ》ち必ず感ずる所あり（嘉永《かえい》四年六月十一日『題を賜《たま》ひて「人の富士に登るを送る序」を探《さぐ》り得《え》て謹《つつし》んで撰《せん》す』より）

【訳】

「志を持っている者は、物事を目にすれば、必ず心に感じとることがあるものだ」

【解説】

松陰は、兵学の勉強のため21歳で九州へ遊学し、翌年4月には江戸を訪れ、安積艮斎《あさかごんさい》、山鹿素水《やまがそすい》、佐久間象山《さくましょうざん》らに入門している。はじめて萩《はぎ》から出て、さまざまな人、事に出会い大きな刺激を受けた。このとき感じた喜びや発見は松陰自身の志と共鳴し、その後歴史に名を残す〝吉田松陰〟という人物に大きな影響を与えたことは言うまでもない。志を持っていたからこそ、一を知れば、十にも百にもその見識と感性は広がっていったのではないだろうか。自分の生きている意味を考え、確固たる目標を持たなければ、どんなことを見聞きしても、何一つ心には響いてこないということである。

『平時は大抵《たいてい》用事の外一言《ほかいちげん》せず、一言する時は必ず温然《おんぜん》和気《わき》、婦人好女《ふじんこうじょ》の如《ごと》し』

↓男の気迫は、余計な口を利かず、まるで婦人のように穏やかに話すことで出るものである

【原文】

平時喋々《ちょうちょう》たるは、事に臨んで必ず唖《あ》。平時炎々《へいじえんえん》たるは、事に臨んで必ず滅《めっ》す。（中略）平時は大抵《たいてい》用事の外一言《ほかいちげん》せず、一言する時は必ず温然和気《おんぜんわき》、婦人好女《ふじんこうじょ》の如《ごと》し。是《こ》れが気魄《きはく》の源なり

（安政《あんせい》六年二月下旬『諸友あて書翰《しょかん》』より）

【訳】

「日ごろぺらぺらとしゃべっている男は、大切なときに必ず黙る。日ごろ勢いのいい男は、大切なときにその勢いが消える。(中略)日ごろは用事がある時以外はしゃべらず、しゃべる時には必ず穏やかに、和やかに、まるで婦人やよき女性のようにする。これが気迫の源である」

【解説】

この書簡は、中谷正亮《なかたにしょうすけ》、久坂玄瑞《くさかげんずい》、高杉晋作《たかすぎしんさく》らへ宛てた手紙で〝理想の男性像〟について書かれている。「言葉を慎み、行いを慎み、へりくだった言葉、小さな声でなければ、大きな気魄はでない」と続く。さまざまな過激な行動から、松陰は蛮勇一辺倒《ばんゆういっぺんとう》な男性というイメージを持っている人が多いかもしれないが、じつはとても温厚で、女性のような優しさと落ち着きを持つ人物であったと言われている。気迫とは、人に対して恐れや威圧を与えることで出るものと思っている人がいるが、それはまったく逆効果なのである。

【コラム】

関ヶ原から雌伏三百年で生き返った長州藩

長州藩というと山口県人というイメージが強いが、おもだった藩士のほとんどは広島県から移ってきた武士の子孫だ。ただし、毛利家というのは、神奈川県の地名に由来している。埴輪《はにわ》の発明者とされる野見宿禰《のみのすくね》の子孫は土師《はじ》氏を名乗っていたが、これが、平安時代になると菅原《すがわら》氏や大江《おおえ》氏に分かれた。大江氏は桓武天皇の外祖母の実家だったこともあって栄えたが、藤原氏全盛になると中級のポストに甘んじることになった。

そこで、大江広元《ひろもと》は鎌倉に下向して源　頼朝《みなもとのよりとも》の側近となり、その子の一人が相模の毛利荘を領して毛利を名乗った。その一族は各地の地頭などになり、そこに土着したので、毛利姓は全国に広がっている。

戦国時代に安芸の毛利氏は有力な国人武士だったが、元就《もとなり》がうるさ型の土豪たちをよくまとめて、周防《すおう》の大内、出雲の尼子《あまご》のあいだを遊泳しながら成長し、ついには、中国地方の盟主となった。だが、関ヶ原の戦いで敗れて防長二国に押し込められた。

それでも、捲土重来《けんどちょうらい》の気持ちを忘れることなく、毎年の正月には、藩主とおもだった家臣の間で「殿、関東御征伐の準備はできております」、「いや、まだその時期ではない」というやりとりをしていたともいう。

そして、安倍首相もその改革をモデルにしているという18世紀後半の名君・重就《しげたか》は、関ヶ原でも活躍した毛利秀元《ひでもと》の系統を引く長府藩主家から養子に入り、殖産興業を進めるとともに、撫育方《ぶいくかた》という特別会計を設けることで将来への投資を大胆に行う藩政改革に成功し、幕末の飛躍への素地をつくった。それまで幕府を後ろ盾にした浪速商人たちに流通を握られ暴利を取られていたところから、西日本雄藩が自立したのである。面白いことに、この時期、西日本の人口は激増しているのに、大坂の人口は急減しているのである。

第二章 学び

『凡《およ》そ生まれて人たらば、宜《よろ》しく人の禽獣《きんじゅう》に異《こと》なる所以《ゆえん》を知るべし』

↓人間には、鳥や獣と違って、守るべき5つの道（五倫）がある

【原文】

凡《およ》そ生まれて人たらば、宜《よろ》しく人の禽獣《きんじゅう》に異《こと》る所以《ゆえん》を知るべし。蓋《けだ》し人には五倫《ごりん》あり、而《しこう》して君臣父子《くんしんふし》を最も大《だい》なりと為《な》す（安《あん》政《せい》二年三月『士規七則《しきしちそく》』より）

その二十三

【訳】

「だいたい人間として生まれたのであれば、人間が鳥や獣とはちがう理由を知るべきである。まさしく、人間には五倫があり、その中でも君臣と父子のあり方が最も重要なものである」

【解説】

『士規七則《しきしちそく》』は、叔父・玉木文之進《たまきぶんのしん》の嫡男、彦介《ひこすけ》の元服祝いに贈られたもの。元々は、松陰が野山獄《のやまごく》の中で人としてのあり方や武士の道について思索し、記したものである。一節の後に出てくる五倫《ごりん》とは、儒教で基本とされる、人として守るべき5つの道（君臣《くんしん》の義、父子《ふし》の親《しん》、夫婦《ふうふ》の別《べつ》、長幼《ちょうよう》の序《じょ》、朋友《ほうゆう》の信《しん》）のこと。儒教を主とする孟子に惚れ込んでいた、松陰の基本思想でもあった。その中でも、君主と臣下、父と子の関係性がもっとも大切であると説いている。第2の父ともいえる叔父とその息子へぴったりのメッセージではないだろうか。

『学は、人たる所以《ゆえん》を学ぶなり』

↓学問とは、人が何であるかを学ぶことである

【原文】

学は、人たる所以《ゆえん》を学ぶなり。（中略）抑々《そもそも》人の最も重《おも》しとする所のものは、※君臣《くんしん》の義《ぎ》なり。国の最も大なりとする所のものは、華夷《かい》の辨《べん》なり（安政《あんせい》三年九月四日『松下村塾記』より）

その二十四

【訳】

「学問は、人が人である理由を学ぶものである。（中略）大体、人にとって最も大事なのは、君主・臣下間の正しい道である。国家にとって最も大事なものは、我が国と他国の違いを知ることである」

【解説】

松陰は兵学者としての道を歩んでいたが、諸国遊学で洋学や経学、水戸国学などさまざまな学問、思想に出合い、そのたびに多くの書物を読破していった。膨大な知識を吸収し、見識を広めていくほどに彼の人生の指針は、180度転換していったのではないだろうか。学ぶことこそが、生き方の選択肢を増やし、自分が人としてどう生きていくかを決める唯一の方法であると身をもって体感していたに違いない。現代の若者にこそ知ってもらいたい言葉である。

※二十三を参照

『経書《けいしょ》を読むの第一義は、聖賢《せいけん》に阿《おも》ねらぬこと要《かなめ》なり』

↓すぐれた人の教えでも、すべてを鵜呑《うの》みにしてはいけない

【原文】

経書《けいしょ》を読むの第一義は、聖賢《せいけん》に阿《おも》ねらぬこと要《かなめ》なり。若《も》し少しにても阿《おも》ねる所あれば、道明《みちあきら》かならず、学ぶとも益《えき》なくして害あり（安政《あんせい》二年六月十三日『講孟箚記《こうもうさっき》』より）

その二十五

【訳】

「※経書を読むにあたり一番の肝心なことは、聖人や賢人の教えに阿《おもね》らないことである。もし少しでも阿《おもね》ろうとする気持ちがあると、道が明らかでなく、学問をしても得る所がなく、かえって害がある」

【解説】

この一節は、『孟子《もうし》』の序説にある「孟子は、祖国である鄒《すう》を去り、他国の斉《せい》や梁《りょう》に遊説した」ことを批判して書かれた。松陰は、『※四書』の「天下を平《たい》らかにするは国を治めるにあり、国を治めるは身を修めるにあり…」という教えを重んじ、孟子といえども祖国を捨てたことは見習えることではなく、その教えをすべて鵜呑《うの》みにしては害があると言っている。賢人も人間である限り誤ちを犯すこともあるだろう。どんな物事も視点を変えれば、善にも悪にもなりえる側面が存在し、受け取る側の解釈によっても違ってくる。たとえ賢人の教えを受けても、一度自分の中で判別したのち吸収すべきなのである。

※「経書」…四書や五経など、賢人たちの教えを集めた古典

※「四書」…大学・中庸・論語・孟子からなる4部の書

『終日《しゅうじつ》の事《こと》一つとして養気《ようき》に非《あら》ざるはなし』

↓

一日の行動のすべてが気を養う

【原文】

終日《しゅうじつ》の事《こと》一つとして養気《ようき》に非《あら》ざるはなし（『武《ぶ》教《きょう》全《ぜん》書《しょ》講《こう》録《ろく》　夙《しゅく》起《き》夜《や》寐《び》』より）

その二十六

【訳】

「一日の行動の中で、一つとして気を養うことにならないことはない」

【解説】

ここでいう「養気《ようき》」とは、孟子《もうし》の言う「浩然《こうぜん》の気」のことで、天地の間に満ちている盛んな精気、または俗事と関わりのないまっすぐで正しい心のことを言っている。『講孟剳記《こうもうさっき》』の一節で、「すぐれた人は正しい行いを積み、徳を重ねることを、源泉から湧き出る水のように、昼夜なく努力しなくてはならない」という記述がある。日々の行い、そして一日のなかのすべての行いが大切であり、そのような気持ちでいる限り、無駄になることは一つもないのである。

『十歳前後より四十歳比迄《ころまで》、三十余年中学問を勤む。而《しこう》して其の最も自ら励むことは中十年にあるなり』

↓十歳から四十歳までの三十年間学問に励むうち、二十歳から三十歳の十年間はとくに精進しなければならない

【原文】

已《すで》に冠《かん》するに至りては専《もっぱ》ら博学を勤め、未《いま》だ敢《あ》へて人に教えず。三十に至り始めて室《しっ》ありて家事《かじ》を治む。（中略）然《しか》る後《のち》四十に至り始めて仕《つか》ふ。然《しか》れば大凡《おおよそ》十歳前後より四十歳比迄《ころまで》、三十余年中《ちゅう》学問を勤む。而《しこう》して其の最も自ら励むことは中《なか》十年にあるなり（安政《あんせい》三年八月以降『武教全書講録《ぶきょうぜんしょこうろく》 燕居《えんきょ》』より）

その二十七

【訳】

「すでに成人した後は学問に励み、まだ人に教えることはない。三十歳になって初めて妻を持ち、家を治める。（中略）四十歳になって初めて君主に仕える。するとだいたい十歳前後から四十歳頃まで三十余年間は学問をすることになる。そして、その中の十年間は最も精進すべきである」

【解説】

『武教全書講録《ぶきょうぜんしょこうろく》』とは、兵学の師とした山鹿素行《やまがそこう》が記した『武教全書』を、安政三年に、自宅幽閉中であった松陰が近親子弟に講義した記録である。「武教全書」は、儒教の中心であった朱子学《しゅしがく》の影響を強く受けた素行の思想が色濃く反映されたもの。10〜40歳まで学問をするうち、20歳から30歳までの10年間がとくに精進すべき時期である、と松陰は言っている。

『材《ざい》を達し徳を成《な》す
総《す》べて酸辛《さんしん》』

↓才能を高め、徳を積むことは、辛く苦しい

【原文】

材《ざい》を達し徳を成《な》す総《す》べて酸辛《さんしん》（嘉永《かえい》三年『先哲叢談《せんてつそうだん》前後編を読む』より）

その二十八

【訳】

「才能を伸ばし、人としての徳を身につけることは、辛く、苦しい」

【解説】

『先哲叢談《せんてつそうだん》』とは儒者・原念斎《はらねんさい》が著した、江戸時代の儒者72名の伝記を年代順に並べた全8巻の評伝で、儒者たちの経歴、言行、逸話を知ることのできる書物であった。この一説が記された嘉永三年は松陰21歳で、兵法学勉強のため九州の長崎・平戸・熊本を訪れた時期である。『先哲叢談』を通して儒学の教えを学んだ松陰は、これからさらに精進しなくてはいけないと決意を新たにしたことが伺える。※「読書最も能《よ》く人を移す。畏《おそ》るべきかな書や」という言葉があるように、松陰の心が動かされた瞬間だったのかもしれない。

※三十六を参照

『勉《つと》めざる者の情に三あり』

↓努力をしない者は大抵、年をとった、才能がない、学問を究めた、という三つの理由を言うものだ

【原文】

勉《つと》めざる者の情に三あり、曰《いわ》く、吾《わ》が年老《としお》いたり。曰《いわ》く、吾《わ》が才鈍《さいどん》なり。然《しか》らずんば則《すなわ》ち曰く、吾《わ》が才高《さいたか》し、学成《がくな》れりと（嘉《か》永《えい》四年十二月九日『山田宇《う》右《え》衛門《もん》あて書翰《しょかん》』より）

その二十九

【訳】

「努力をしない人の気持ちには三つある。一に、私は年をとりました、二に、私には才能がありません。そうでなければ、私は才能が高く、もう学問は極めました、と」

【解説】

22歳の松陰が、江戸から、萩《はぎ》にいる山田宇右衛門《やまだうえもん》に宛てて送った手紙の一節。宇右衛門は吉田大助《よしだだいすけ》の門弟で、子供の頃から松陰に教育を施していた後見人とも言える人物。この頃松陰は友人らと東北遊学へ行く計画を立てていたが藩へ申し出ていた許可が下りず、この手紙を記した直後脱藩して旅立ってしまう。九州、江戸と遊学を続け、さらなる学問に目覚めた松陰の意気込みを感じられはしないか。藩から許可が下りずとも、自分の立場を省みず友人らと志を高める旅に出た松陰の気持ちが見えてくるようである。

『思へば得《う》るあり、学べば為《な》すあり』

↓

物事を学び、それについて考えをめぐらせれば、さらに得るものがある

【原文】

君子《くんし》の道に志《こころざ》すや、則《すなわ》ち学び則《すなわ》ち思ふ。昼日《ちゅうじつ》之れを学び、暮《ぼ》夜《や》之《こ》れを思ふ。思へば得《う》るあり、学べば為《な》すあり（安政《あんせい》元年十一月二十七日『兄杉梅太郎《すぎうめたろう》あて書翰《しょかん》』より）

【訳】

「徳のある立派な人が志を立てた際には、学問に励み、それについて考える。昼は学問に励み、夜はその日に学んだことを考える。考えれば得るものがあり、学べば行うべきことがある」

【解説】

松陰が、野山獄《のやまごく》から萩《はぎ》・松本にいる兄・梅太郎《うめたろう》（民治《みんじ》）へ宛てた手紙の一節。松陰は、兄によく手紙を送り、その時の考えや身の回りの出来事などを伝えていた。獄中にいながらも、松陰は常に志や学問について思索していたようだ。筑波大学名誉教授の村上和雄《かずお》氏は、科学の大発見はナイトサイエンスから生まれると記している。日中は学問から知識を吸収し、そこで学んだことを夜、思索したり仲間と議論することで、ひらめきや新たな発見が生まれるという。ただ学ぶだけでなく、それを熟考してこそ自分の血肉になるということなのだ。

『百年の間《かん》、黽勉《びんべん》の急ありて游優《ゆうゆう》の暇《いとま》なし』

↓何事も成熟すればあっという間に衰えるものだから、人生百年あってものんびりしている暇はない

【原文】

花、闌《たけなわ》なれば則《すなわ》ち落ち、日《ひ》、中《ちゅう》すれば則《すなわ》ち昃《かたむ》く。人、壮《そう》なれば則《すなわ》ち老《お》ゆ。百年の間《かん》、黽勉《びんべん》の急ありて游優《ゆうゆう》の暇《いとま》なし（弘化《こうか》三年二月『観梅《かんばい》の記』より）

その三十一

【訳】

「花は満開になれば落ち、太陽は正午を過ぎれば、陰りはじめる。人は壮年を迎えれば、老いていく。百年の間、必死でつとめるべきであり、のんびりしている暇などない」

【解説】

松陰が17歳のときに書いた一節。若くして、花が散る様、日が落ちる様を見て、人間があっという間に老いていくことを連想するとは、早熟な松陰らしい。たとえ人の一生は百年あっても、長いようであっという間に老いていくのだから、さぼっている暇などないということ。だからこそ、松陰は30年の人生においても決して休むことなく、生き急ぐように志を全うしようとしたのだろう。もし松陰が、70歳まで生きたとしたら、どれだけ多く、偉大なことを成し遂げたであろうか。想像に難くない。

『初一念《しょいちねん》、名利《めいり》の為《た》めに初めたる学問は、進めば進む程《ほど》其《そ》の弊《へい》著《あらは》れ』

↓不純な動機で始めた学問は、やればやるほど失敗する

【原文】

今、学問を為《な》す者の初一念《しょいちねん》も種々《しゅじゅ》あり。就中《なかんずく》誠心《せいしん》道《みち》を求むるは上《じょう》なり。名利《めいり》の為にするは下《げ》なり。故《ゆえ》に初一念、名利の為めに初めたる学問は、進めば進む程《ほど》其《そ》の弊《へい》著《あらは》れ、博学宏詞《はくがくこうし》を以て是を粉飾すと云へども、遂《つい》に是《こ》れを掩《おお》ふこと能《あた》はず（安政《あんせい》二年八月二十六日『講孟箚記《こうもうさつき》』より）

その三十二

【訳】

「今、学問を始める理由にも色々ある。中でも心から偽りなく学問の道を究めようとするのは上の理由である。名誉や利益のためにするのは下の理由である。だから、名誉や利益のために始めた学問は、進めば進むほど、その弊害が現れ、それを豊富な知識や高尚な文章で飾っても、結局これを隠すことはできない」

【解説】

松陰は孟子《もうし》の「其の心に作《おこ》りて、其の事に害あり」という言葉を受けて、人は〝初一念〟が大切であると解釈している。学問をする理由が私利私欲のためであれば、必ず害があらわれ、大切な状況で進退もままならなくなり、最後は権力や利益に屈するようになってしまうと言っている。これは仕事でも同じことが言える。世の中で成功し、大業を成し遂げた人は、みな世に貢献したいという気持ちが根底にある。自分の利益のためにはじめたことは、ある程度まで成功しても、決して歴史に名を残すような偉業にはならないのである。

『仁《じん》は人なり。人に非《あら》ざれば仁《じん》なし』

↓「仁」を失くした人間は、鳥や獣と同じである

【原文】

仁《じん》は人なり。人に非《あら》ざれば仁《じん》なし。禽獣《きんじゅう》是《こ》れなり。（中略）世には人にして仁《じん》ならざる者多し。又《また》人を離れて仁《じん》を語る者《もの》、最《もっと》も多し。今の読書人《どくしょじん》皆《みな》是《こ》れなり（安政《あんせい》三年六月七日『講孟《こうもう》箚記《さっき》』より）

【訳】

「仁《じん》とは、人が人である理由である。人でなければ仁《じん》はない。鳥や獣がこれである。（中略）世の中には、人であっても仁《じん》のない者が多い。また、自分を棚に上げて仁《じん》を語る者が最も多い。今の教養階級はみんなこれである」

【解説】

「仁《じん》は人なり。合わせてこれを言へば、道なり」という言葉について、松陰が解釈した一節。「仁」とは、孔子《こうし》の道徳の根本原理のことで、天から人間に与えられた知、勇、愛などの人間の本質のことをいう。松陰は、とくに学問を成した知識人たちが、仁をなくしていることを嘆いている。いつの時代も学歴があるからといって、その人物に徳や志が備わっているとは限らない。今の世の中に、人が人たる理由をわかった優れた人物はどれほどいるのだろうか。

『図書《としょ》に山水《さんすい》を按《あん》じ、
文書《ぶんしょ》に古人《こじん》を友とす』

↓書籍をはじめ、さまざまな資料に通じれば、諸国や過去の時代に思いを巡らせることができる

【原文】

図書《としょ》に山水《さんすい》を按《あん》じ、文書《ぶんしょ》に古人《こじん》を友とす（安政《あんせい》二年『松岡良《まつおかりょう》哉《さい》が相模《さがみ》に之《ゆ》くを送る』より）

【訳】

「図書をみて、各地の山水の風景を想像し、書を読んで、昔のすぐれた人物を友とする」

【解説】

松岡良哉《まつおかりょうさい》は萩《はぎ》に開業したのち藩医となった人物で、幕府の政治に反感を覚えて松陰のもとに訪れ、度々議論をかわした。良哉に宛てたこの一節は、書籍や資料（現代では、写真や映像も含む）に通じれば、諸国の美しい風景に思いを巡らせることができるし、昔のすぐれた人の教えを我が身と照らし合わせれば、友人となって語り合うこともできると言っている。孔子や孟子の古典籍や日本の歴史書、西洋事情の本まで非常に多くの図書・文書に親しんだ松陰だからこそのメッセージである。

『文教《ぶんきょう》の盛《せい》とは、書を読む者の衆《おお》きを謂《おも》ふに非《あら》ざるなり、道を求むる者の衆《おお》き、是れのみ』

↓学問・教育とは、学ぶことだけでなく人としての道を探すことであり、その真理を掴んだ者がまだ知らないものに教えることである

【原文】

文教《ぶんきょう》の盛《せい》とは、書を読む者の衆《おお》きを謂《い》ふに非《あら》ざるなり、道を求むる者の衆き、是れのみ。道を求むる者の衆きを謂ふに非ざるなり、先知《せんち》の後知《こうち》を覚《さと》し、後覚《こうかく》の先覚《せんかく》を師とする、是れのみと（安政《あんせい》二年九月『太華山縣《たいかやまがた》先生に与へて講孟箚記《こうもうさっき》の評を乞ふ書』より）

その三十五

【訳】

「学問・教育が盛んというのは、読書人が多いことをいうのではなく、人としての正しいあり方を求める人が多いこと、これである。正しいあり方を求める人が多いことだけでなく、先に知った人が未だ知らない人を指導し、未だ知らない人が先に知った人を先生とする、これだけのことである」

【解説】

太華山縣《たいかやまがた》先生とは、天保《てんぽう》6年から嘉永《かえい》3年まで藩校明倫館《はんこうめいりんかん》の学頭を務めた人物。松陰は、兵学師範として彼のもとで教えていたこともあった。この手紙で松陰は、野山獄《のやまごく》で行った孟子の講義についての記録『講孟劄記《こうもうさっき》』の批評をお願いしている（のちに酷評を受け、憤慨したという）。先に記した※「学は、人たる所以《ゆえん》を学ぶなり」という言葉があるが、学問は人としてどうあるかを知るための手段であり、また教育とは、その人としての道を知る者がまだ知らない者へ指導していくことであると松陰は言っているのである。

※二十四を参照

『読書最も能《よ》く人を移す。畏《おそ》るべきかな書や』

↓

読書は恐ろしいほど人の心を変える力がある

【原文】

読書最も能《よ》く人を移す。畏《おそ》るべきかな書や（安政《あんせい》六年四月十四日『野村和作《のむらわさく》あて書翰《しょかん》』より）

その三十六

【訳】

「読書は、最もよく人の心を変える。書は何と恐るべきものだろうか」

【解説】

野村和作《のむらわさく》（靖《やすし》）は、松下村塾門弟。安政6年に計画された『※要駕策《ようがさく》』の密使となり捕らえられ、岩倉獄《いわくらごく》に収監された。投獄されている間、松陰と書簡のやり取りをしており、この書簡もその時のものと思われる。生涯、非常に多くの書物に親しんだ松陰は、身をもって感じていた〝書の力〟を弟子へ伝えたのである。松陰に教育を受けた和作は明治維新後、岩倉使節団の一行とともに渡欧、第二次伊藤博文《ひろぶみ》内閣では内務大臣に就任するなど、目覚ましい成長を遂げていく。

※十四を参照

【コラム】

吉田松陰という精神的指導者があってこそ火が付いた

幕末の長州藩主だった毛利敬親《もうりたかちか》は、「そうせい侯」と呼ばれる頼りない存在だったという人もいるが、どっしりと構え、思慮深かった。その治世の初期は村田清風《むらたせいふう》による改革が行われ、経済改革に成功しただけでなく、幕府の衰乱と西洋のアジア進出を見て、長州だけでも日本を護持し、国威を海外に宣揚すると、庶民まで巻き込んだ大軍事演習まで行った。そして、何より人材の登用に熱心だった。この清風の一派が保守派と対立しつつも維新への原動力として成長していったのだ。吉田松陰はそうした時代に育ち、子供のころにこの殿様の前でご進講を見事にして名を上げ、そのことが、その名声の出発点になり、無断で諸国漫遊にでかけても追認されるという配慮にもつながった。

そして、村田らの改革によって成功した富国強兵は、吉田松陰という精神的な指導者の登場によって火が付けられ、維新へとつながった。

その生涯は安政の大獄で唐突に終わったが、その弟子たちが朝廷の実権を掌握→四国艦隊砲撃決行→八月一八日の政変で追放→復権を狙って禁門の変を起こす→第一次長州征討に屈服→攘夷派による藩政掌握→第二次長州戦争における勝利→王政復古による復権→鳥羽伏見の戦いで勝利→新政府の中核を占めるというように展開して近代日本を誕生させた。とくに、征長戦争では幕府軍に対し、「士気横溢《おういつ》、敵愾《てきがい》の情澎湃《ほうはい》として緊張の気二州の天地に満ち」「老若婦女に至るまで、或は輜重《しちょう》運輸を助け、或は硝《しょう》薬《やく》兵器の製造等に従ふ」という国民戦争を繰り広げて勝利した。

最後の将軍だった徳川慶喜は、「長州はもともと反幕府を鮮明にしてたのだから恨みはないが、薩摩は味方だと思っていたら倒幕に荷担したから許せない」と言い切ったが、松陰の残した精神は敵方の総帥である慶喜にまで通じていたと言うことであろうか。

第三章　リーダー

『君《きみ》を厳《はばか》ることを知《し》りて君に親《した》しむことを知らず』

↓自分の主に対しては、恐れを抱くばかりでなく、心から親しみ交わることも忘れてはいけない

【原文】

今《いま》の大臣《だいじん》は君《きみ》を厳《はばか》ることを知《し》りて君《きみ》に親《した》しむことを知らず、君を敬《けい》することを知りて君を愛《あい》することを知らず（安政《あんせい》五年正月六日『狂夫《きょうふ》の言《げん》』より）

その三十七

【訳】

「昨今の家老は、殿を恐れ、慎むことは知っているが、殿と心から親しむことを知らず、殿を敬うことは知っていても、殿を愛することを知らない」

【解説】

安政5年、謹慎生活を送りながら松下村塾を開き、若者たちに学問を教えていた松陰は、幕府が日米修好通商条約の締結《ていけつ》に動き出していることを知り、『狂夫《きょうふ》の言《げん》』と題した藩主への意見書を記した。日本が憂慮されるべき状況に置かれているにも拘わらず、幕府に対して確固たる態度を示さない藩への批判として書かれた同書。自らを〝狂夫〟と名乗る松陰の言葉の数々は、心を尽くさず保身に走り、打算的な生き方を送る人々への提言として、現代を生きるわれわれの心にも強く刺さる。

『明君賢将《めいくんけんしょう》必《ま》づ其《そ》の心《こころ》を定《さだ》む』

↓賢明なリーダーは、まず自らの腹を決める

【原文】

明君賢将《めいくんけんしょう》必《ま》づ其《そ》の心《こころ》を定《さだ》む。吾《わ》が心一《ひと》たび定まりて、将吏《しょうり》士《し》卒《そっ》誰《た》れか敢《あ》へて従《したが》はざらん（嘉永《かえい》三年八月二十日『武教全書《ぶきょうぜんしょ》守城《しゅじょう》』より）

その三十八

【訳】

「賢明な君主、賢く優れた将軍は、まずその腹を決めるものである。君主の心が一度定まれば、部下が従わないことがあろうか。ありはしない」

【解説】

松陰はこの後段で「決断を下すということは、一時的に激しく心を奮《ふる》い起こせばできるわけではなく、水が自然にしみこむようにだんだんに心胆《しんたん》を養い育てることによって可能となる」とも述べている。当時の松陰は山鹿《やまが》流兵学の独立師範となり、指導者の道を歩み始めた頃。リーダーや指導者が常に求められる決断について、強く思うところがあったはずである。自分が一人前になるためには遊学で見識を広める必要があると常々考えていた松陰は、この講義の5日後、九州に向けて旅立った。

『夫《そ》れ重《おも》きを以《もっ》て任《にん》と為《な》す者《もの》、才《さい》を以て恃《たのみ》と為すに足《た》らず』

↓重職に就く者は、才能や知識に頼るのではなく、志に向かって発奮し励むべきである

【原文】

夫《そ》れ重《おも》きを以《もっ》て任《にん》と為《な》す者《もの》、才《さい》を以て恃《たのみ》と為すに足《た》らず。知《ち》を以て恃と為すに足らず。必《かなら》ずや志《こころざし》を以て気《き》を率《ひき》ゐ、黽勉事《べんびんこと》に従《したが》ひて而《しか》る後《のち》可《か》なり（弘化《こうか》三年『松村文祥《まつむらぶんしょう》を送る序』より）

その三十九

【訳】

「重要な任務を行う者は、自分の才能を頼みとしてはいけない。知識を頼みとしてもいけない。必ず志を持ち、気持ちを奮い立たせて職務に努めることによって達成できるのである」

【解説】

「志定まれば、気盛んなり」という名言もある松陰は、生涯に渡って「志」を大切にしていた。この一文は、松陰が17歳の時、叔父の玉木文之進《たまきぶんのしん》が主宰していた松下村塾の出身者で、松陰の友人でもある松村文祥《まつむらぶんしょう》が医学修業で九州へ旅立つ際に贈った送別の言葉である。当時は松陰も山鹿《やまが》流兵学師範の修業に勤《いそ》しんでいた頃。医学修業が成功するか否かは、志を持って励むことにかかっているという内容は、自分自身にも言い聞かせていたに違いない。

『備《そな》はらんことを一人《ひとり》に求《もと》むるなかれ』

↓完璧を人に求めるな

【原文】

備《そな》はらんことを一人《ひとり》に求《もと》むるなかれ。（中略）古語《こご》にも、「庸謹《ようきん》の士《し》を得《う》るは易《やす》く、奇傑《きけつ》の士を得るは難《かた》し」と云へり。小過《しょうか》を以《もっ》て人《ひと》を棄《す》てては、大才《だいさい》は決《けっ》して得《う》べからず（嘉永《かえい》二年六月四日『武教全書《ぶきょうぜんしょ》 用士《ようし》』より）

その四十

【訳】

「完全無欠であることを、人に求めてはならない。（中略）昔の言葉にも『平凡で実直な人を得ることはたやすいが、大事のときに頼りになる傑出した人を得るのは難しい』というのがある。細かい欠点を見つけて人材を切り捨てているようでは、素晴らしい才能を持った人を得ることは決してできない」

【解説】

松陰が19歳の時、藩主を前に『武教全書《ぶきょうぜんしょ》 用士《ようし》』を講じた際の名辞。松下村塾には※四天王と呼ばれた4人の秀才がいたが、彼らとて完璧ではなかった。一節によれば高杉は明らかな頑固者で〝陽頑〟、吉田は秘めた頑固者で〝陰頑〟と呼ばれ、久坂は若い頃からせっかち、入江は消極的なタイプだったという。松陰は、そんな彼らの性質に合わせてそれぞれに教育を施した。そういった理解ある指導者がいたからこそ4人は傑出した人物に成長できたのだろう。

※八十九を参照

『英雄《えいゆう》自《おのずか》ら時《じ》措《そ》の宜《よろ》しきあり』

↓リーダーには、その時々に適した行動がある

【原文】

英雄《えいゆう》自《おのずか》ら時《じ》措《そ》の宜《よろ》しきあり。要《よう》は内《うち》に省《かえり》みて疚《やま》しからざるにあり。抑々亦《そもそもまた》人《ひと》を知《し》り幾《き》を見《み》ることを尊《たふと》ぶ（安政《あんせい》六年十月二十五日『留魂録《りゅうこんろく》』より）

【訳】

「英雄には、時宜に適した行動というものがある。要は、心中を省みてやましいところがないということである。また、人を知り、機を見ることが大切である」

【解説】

安政6年、死に直面した松陰は、塾生たちの役に立つことはすべて書き残すという思いで『留魂録《りゅうこんろく》』を書いた。これはその中の一節である。安政の大獄《たいごく》で捕らえられ、「死罪になるのならば、いささかも悔いるところはない」と語った薩摩藩士・日下部伊三次《くさかべいそうじ》の毅然とした態度。そして、唐の徳宗《とくそう》の臣である段《だん》秀実《しゅうじつ》が、高官の郭儀《かくぎ》の乱暴を戒め、朱泚《しゅし》の謀反を非難したために殺された故事を引き合いに出し、英雄と呼ばれる者には、時宜にかなった行動というものがあり、大切なことは心中を省みてやましいところがないことだと説いている。

『有志《ゆうし》の君《きみ》、千古一道《せんこいちどう》、要《よう》は目《め》を明《あきらか》にし聡《そう》を達《たっ》す』

↓優れたリーダーの道はいつの時代も一つ。見聞を広め、人々の意見を聞くことだ

【原文】

四目《しもく》を明《めい》にし、四聡《しそう》を達《たっ》すとは、古聖《こせい》の明訓《めいくん》なり。而《しか》して其《そ》の道二《みちふたつ》あり。天下《てんか》の賢能《けんのう》に交《まじ》はり、天下の書籍《しょせき》を読《よ》むに過《す》ぎず。（中略）有志《ゆうし》の君《きみ》、千古一道《せんこいちどう》、要《よう》は目《め》を明《あきらか》にし聡《そう》を達《たっ》するに帰《き》すると、竊《ひそ》かに感嘆《かんたん》し奉《たてまつ》る所《ところ》なり（嘉永《かえい》六年八月『将及私言《しょうきゅうしげん》』より）

【訳】

「都にある東西南北の四つの門を開いて天下の賢俊《けんしゅん》を集め、広く見聞し、聡明な知恵を集めよ、とは古い聖人の優れた教えである。そこに至る方法は二つある。広く賢者と交際し、広く読書をすることである。（中略）志のある君主の道はいつの世にも一つであり、その要点は見聞を広め、人々の意見を聞くことである。そう秘かに感心し、褒めたたえている」

【解説】

『将及私言《しょうきゅうしげん》』とは、嘉永《かえい》6年6月3日の黒船来航を知った松陰が、浦賀《うらが》の様子を見聞し、藩がとるべき対策を9つの項目別で書いた上書である。この一文にも表れているように、国のためには外国の新しい知識を広く学ばなければならないと考えていた松陰は、諸国への遊学や米国艦隊で渡航を試みるなど、常に見識を広めようという志を持っていた。そしてこの年の秋、ロシアへの渡航計画を企てるのである。

『人賢愚《ひとけんぐ》ありと雖《いえど》も、
各々一《おのおのいち》、二《に》の才能《さいのう》なきはなし』

↓人間には賢愚の違いがあるが、どんな人間でも
一つや二つ、優れた才能を持っているものだ

【原文】

人賢愚《ひとけんぐ》ありと雖《いえど》も、各々一《おのおのいち》、二《に》の才能《さいのう》なきはなし、湊合《そうごう》して大《たい》成《せい》する時《とき》は必《かなら》ず全備《ぜんび》する所《ところ》あらん。是《こ》れ亦年来人《またねんらいひと》をして実験《じっけん》する所なり（安政《あんせい》二年六月一日『福堂策《ふくどうさく》』より）

その四十三

【訳】

「人間には賢愚《けんぐ》の違いはあるが、どんな人間でも一つや二つの才能を持たない者はなく、全力を傾けて一人ひとりの才能を育てていけば、必ず一人前の人間になることができる。これは今まで長年、人と接し教えてきた私が、経験してきたものである」

【解説】

ロシア渡航計画失敗の翌年（安政《あんせい》元年）、再び外国渡航を企てた松陰だが、再び失敗に終わり、萩《はぎ》城下の野山獄《のやまごく》に投獄された。出獄のあてもない囚人たちの絶望感に満ちていた獄内で、松陰は一人ひとりが互いの得意なことを教え合うように勧め、教える喜びや学ぶ喜びを感じさせた。また翌年には、松陰自身も囚人への『孟子《もうし》』の講義を通して、囚人を更正させ、牢屋を幸福な場所に変えることができると確信する。その経験をもとにまとめられた『福堂策《ふくどうさく》』の一文は、まさに人間の本質を突いた名辞といえる。

『妄《みだ》りに人《ひと》の師《し》となるべからず。又《また》妄りに人を師とすべからず』

↓志を持って教えるべきであり、目的を持って学ぶべきである

【原文】

師道《しどう》を興《おこ》さんとならば、妄《みだり》に人《ひと》の師《し》となるべからず。又《また》妄に人を師とすべからず。必《かなら》ず真《しん》に教《おし》ふべきことありて師となり、真に学《まな》ぶべきことありて師とすべし（安政《あんせい》二年八月十六日『講孟《こうもう》箚記《さっき》』より）

【訳】

「師と弟子のあるべき道を作るのなら、安易な気持ちで人の師となるべきではなく、また、安易な気持ちで人を師とするべきではない。真に教えるべきことがあって師となり、真に学びたいことがあって人を師とするべきである」

【解説】

松陰にとって学問とは、人が善《よ》く生きるとは何たるかを学ぶものであり、その学びを人生の中で実践することであった。しかし今日の教育の現場は、本当に人に教えるべき内容を持っていない人が先生となり、先生を選ぶ術もない弟子（生徒）たちが、志を持たない先生から教えを受けなければならないような状況に陥ってはいないだろうか。教育現場だけではない。仕事の場においても、真に自らの師となりえる上司はどれだけいるのだろう。指導者として人を導く立場にある者は、まず自らが学ぶべきものがあるはずである。

『宜《よろ》しく平生《へいぜい》に講論《こうろん》して、時《とき》に臨《のぞ》みて誤《あやま》ることなかれ』

↓いざという時に判断を誤らないように、重要な事柄は普段から議論しておくべきだ

【原文】

宜《よろ》しく平生《へいぜい》に講論《こうろん》して、時《とき》に臨《のぞ》みて誤《あやま》ることなかれ（安政《あんせい》二年八月十六日『講孟箚記《こうもうさっき》』より）

その四十五

【訳】

「重要な事柄は何もない平穏無事な時に熟考し、論じておくべきだ。万一の時に、判断を誤ることのないようにである」

【解説】

時代を問わず、戦争や大規模な災害など、国にとっての非常事態が起こった際の対応を予《あらかじ》め定めておくことは重要である。国家を会社、家庭に置き換えても、同様のことが言えるだろう。組織で指導的な立場にいる者は、いつ起こるかわからない仕事上のトラブルに、冷静かつ迅速に対応できる判断力が求められる。では、その力はどうすれば養えるのか。松陰は「ひたすらに書物を読み、道義を窮《きわ》めて、忠義、孝行を研究し、後日国に報いることを心がけなければならない」という。日頃の行いが自らの運命を左右するのだ。

『事省《ことはぶ》くべく、事省いて而して《しこう》志《こころざし》専《もっぱ》らにすべし』

↓くだらないことにとらわれず、今抱いている志に専念せよ

【原文】

事省《ことはぶ》くべく、事省いて而して《しこう》志《こころざし》専《もっぱ》らにすべし。志専らならば則《すなわ》ち奇策雄論《きさくゆうろん》往々《ゆくゆく》将《まさ》に得《う》る所《ところ》あらんとす（嘉永《かえい》四年四月二十一日『阿兄《あけい》に与《あた》ふ』より）

その四十六

【訳】

「くだらない事は省くべきであり、省いて、自分の志に専念すべきである。志に専念すれば、予想もしない奇抜な策略や優れた考えを、必ず得ることができるだろう」

【解説】

松陰が長兄・梅太郎《うめたろう》（民治《みんじ》）に送った書の一節である。松陰と梅太郎はとても仲が良く、梅太郎は生涯にわたり松陰を理解し助けた。この書が書かれた嘉永4年4月、松陰は藩主の参勤交代に従って江戸に入り、幕府の儒学者や山鹿《やまが》素水《そすい》に教えを請う。象山《ぞうざん》塾や蒼龍軒塾《そうりゅうけんじゅく》など、その他多くの勉強会へも精力的に参加した。目先の利益やくだらない世事に捉われず、文字通り「志に専念」して、数多くの師、友と出会う日々。そんな江戸での経験が、その後の松陰の動きを変えていくことになるのである。

『一善《いちぜん》を行《おこな》へば一善《いちぜん》己《おのれ》に存《そん》す』

↓リーダーは「何事も続ければメリットがある」と説いて導くべきだ

【原文】

一善《いちぜん》を行《おこな》へば一善己《おのれ》に存《そん》す。一益《いちえき》を得《え》れば一益己に存す。一《いち》日《にち》を加《くわ》ふれば一日の功《こう》あり。一年《いちねん》を加ふれば一年の功あり。人《ひと》を教《おし》ふる者《もの》、角《かく》こそ言《い》ふべし（安政《あんせい》三年五月二十三日『講孟箚《こうもうさっ》記《き》』より）

その四十七

【訳】

「一つの善行を行えば、その一善は自分のものとなる。一つの有益なものを得れば、その一益は自分のものとなる。一日努力すれば、一日の功績がある。一年努力すれば、一年の功績がある。人を教える者は、このように人を教え導くべきだ」

【解説】

松陰が後年、松下村塾で学問を教えていた時、塾生から「読んだ本の内容をすぐに忘れてしまう」と相談された。そこで松陰は、「読んだ本をすぐに覚えることは難しい。本を繰り返し読むことでより深く理解でき、記憶できる。才能がある人はそれに満足して復習を怠り、遂には他の者に劣ってしまうこともある」と答えたという。何事も器用にこなせる人は、こうした「積み重ね」を忘れてしまいがちである。リーダーとして部下を導く上でも、あらゆる事業、人との信頼関係が一朝一夕で築けるものでないことを説かなければならない。

『政《まつりごと》を為《な》すの要《よう》は、人々《ひとびと》をして鼓舞作興《こぶさっこう》して、各々自《おのおのみずか》ら淬励《さいれい》せしむるにあり』

↓組織を運営する上でのポイントは、人々の気持ちを鼓舞し、各々をやる気にさせることだ

【原文】

政《まつりごと》を為《な》すの要《よう》は、人々《ひとびと》をして鼓舞作興《こぶさっこう》して、各々自《おのおのみずか》ら淬励《さいれい》せしむるにあり、（中略）而《しこう》して其《そ》の術《すべ》・賞罰《しょうばつ》の二柄《にへい》にあり

（安政《あんせい》二年六月朔日《ついたち》『福堂策《ふくどうさく》』より）

【訳】

「政治を行う上での要点は、人々の気持ちを鼓舞して、各々が努め、励む気持ちにさせることである（中略）その方法とは、褒めること、そして叱ることの二つである」

【解説】

獄中の松陰が、刑罰や牢屋に対する考え方をまとめた『福堂策《ふくどうさく》』の中の名辞。政治家でなくても、人々を教え導く立場にあるリーダーは、部下が気持ちよく仕事に取り組めるように、相手の手柄を素直に褒め、過ちを的確に指摘することが求められる。もちろんそれ以前には、松陰が常々語っているように、自らの行いや心が正しくなければならない。それをおろそかにしていては、人の行いを褒める、叱ることはおろか、人を正しく見定めることすらできないからだ。

『人《ひと》を諫《いさ》むる者《もの》安《いずく》んぞ
自《みずか》ら戒《いさ》めざるべけんや』

↓人の過ちを指摘し、改めるよう忠告する立場にいるリーダーは、常に自分を戒めるべきだ

【原文】

人《ひと》を諫《いさ》むる者《もの》安《いずく》んぞ自《みずか》ら戒《いさ》めざるべけんや（安政《あんせい》四年六月八日『幽窓随筆《ゆうそうずいひつ》』より）

【訳】

「人を諫《いさ》める立場の者が、どうして常に自分を戒めなくていいことがあるだろうか。戒めるべきである」

【解説】

安政4年、松陰は謹慎を命じられた杉家の一室「幽囚室《ゆうしゅうしつ》」で、昼夜を問わず教えを請いに集まる若者に対し、「来る者は拒まず」を基本として、一人ひとりの能力に合わせた講義を行っていたという。これはその頃に書かれた一節である。人の過ちに気付き、それを改めるように導かなくてはならないリーダーたるもの、自らも間違いを犯さぬように、常に気を緩めずにいなければならない。自明のこととはいえ、それを実践し続けるのは中々難しいことである。

『主人《しゅじん》晏《おそ》く起《お》くれば、家僮門《かどうもん》を掃《はら》はず、騎者胆壮《きしゃたんそう》なれば、馬餘勇《うまよゆう》あり』

↓リーダーが自ら手本とならなければ、いくら口で命じても正しい方向へ導くことはできない

【原文】

人君《じんくん》・官吏豪奢《かんりごうしゃ》を好《この》み、安逸《あんいつ》に耽《ふけ》り、天下《てんか》へ質素節倹《しっそせっけん》、文武興隆《ぶんごこうりゅう》の令《れい》を降《くだ》す如《ごと》き、古《いにしえ》より未《いま》だ曾《かつ》て行《おこな》はるる者あらず。近人《きんじん》の文中《ぶんちゅう》に「主人晏《しゅじんおそ》く起《お》くれば、家僮門《かどうもん》を掃《はら》はず、騎者胆壮《きしゃたんそう》なれば、馬餘勇《うまよゆう》あり」の語《ご》あり。余以《よもっ》て名言《めいげん》とす（安政《あんせい》三年六月七日『講孟箚記《こうもうさっき》』より）

その五十

【訳】

「君主や役人が贅沢を好んで、安楽な暮らしをしながら、世の人々に質素倹約、文武興隆の命令を下しても、昔からそれが実現した試しはない。近頃の人の文章に、『主人が遅く起きれば、使用人は門前を掃除しない。馬の乗り手が意気盛んだと、馬も力が出る』という言葉がある。私はこれを名言だと思っている」

【解説】

松陰はこの前段で「自らが徳を持ち、人を導いて徳を明らかにさせるような人は賢者であり、必ず成功する。しかし、自らが愚かでありながら徳を明らかにさせようとするような人は才能がなく、必ず失敗する」と語っている。口では立派なことを言っていても行動がまったく伴わない。また、人には説教ばかりするが自分には甘いような人物に好んでついていく部下はいないだろう。もののの道理をわきまえて、人を欺くことなく実直に生きることが何よりも大切なのだ。

『大将《たいしょう》は心定《こころさだ》まらずして叶《かな》はず』

↓リーダーが決心しなくては、何事も実現しない

【原文】

大将《たいしょう》は心定《こころさだ》まらずして叶《かな》はず、若《も》し大将《たいしょう》の一心《いっしん》うかうかする時《とき》は、其《そ》の下《した》の諸将《しょしょう》何程《なにほど》智勇《ちゆう》ありても、智勇を施《ほどこ》すこと能《あた》はず、百万《ひゃくまん》の剛兵義士《ごうへいぎし》ありと雖《いえど》も、剛義《ごうぎ》を施すこと能《あた》はず（嘉永《かえい》三年八月二十日『武教全書《ぶきょうぜんしょ》 守城《しゅじょう》』より）

その五十一

【訳】

「指導者の心が定まらなければ、物事が実現することはなく、もし指導者の心がうわついている時は、その下の人々にいくら知恵や勇気があっても、その智勇を生かすことはできない。百万もの強くたくましい兵や義人がいても、その剛義を生かすことはできない」

【解説】

『武教全書《ぶきょうぜんしょ》 守城《しゅじょう》』の中の一節である。果たして今日、指導者と言われている人物に、どれだけ「心が定まった」者がいるだろうか。人々はリーダーたる人物であるか、信頼に値するかどうかの覚悟をみる。自分一人の立身出世ばかりを願い、都合よく信念や信条を曲げるような者に、自らの生活や運命を委ねることなどできないからだ。リーダーシップの根幹に関わる名辞として、現代の我々の心にもしっかり刻んでおきたい。

『人已《ひとすで》に過《あやまち》あらば、吾《わ》れ従《したが》つて之《こ》れを咎《とが》む、過《あやま》ちて則《すなわ》ち之れを悔《く》ゆれば、吾れ従つて之れを喜《よろこ》ぶ』

↓人が過ちを犯したら咎めるべきであり、反省できれば受け入れよ

【原文】

人已《ひとすで》に過《あやまち》あらば、吾《わ》れ従《したが》つて之《こ》れを咎《とが》む、過《あやま》ちて則《すなわ》ち之れを悔《く》ゆれば、吾れ従つて之れを喜《よろこ》ぶ。是《こ》れ君子《くんし》の心なり（安政《あんせい》六年四月二十三日『子遠《しえん》・和作《わさく》に与ふ』より）

その五十二

【訳】

「人が過ちを犯せば、私はそれを咎めるが、過ちを反省すれば、私はそれを喜ぶ。これが優れた人の心である」

【解説】

安政6年に※1要駕策《ようがさく》計画を立てた松陰は、※2子遠《しえん》（入江杉蔵《いりえすぎぞう》）と和作《わさく》（弟の野村和作）の兄弟に実行を任せるも失敗し、2人は捕われの身となってしまう。この手紙は、自分の計画のために奮闘してくれた兄弟に宛てた激励の言葉である。上司といえども面と向かって部下の欠点や過ちを指摘するのは気の引けること。見て見ぬふりが一番楽である。しかし、その相手を思うのであればきちんと伝えるべきであり、もっと大切なのは、相手が反省したらしっかりと受け入れてあげなさい、ということだろう。

※1 十四を参照　※2 七十五を参照

『嗚呼《ああ》、世《よ》、材《ざい》なきを憂《うれ》へず、其《そ》の材を用《もち》ひざるを患《うれ》ふ』

↓嘆かわしいのは、才能ある者がいないことでなく、才能ある者を適職に就かせないことである

【原文】

嗚呼《ああ》、世《よ》、材《ざい》なきを憂《うれ》へず、其《そ》の材を用《もち》ひざるを患《うれ》ふ。大識見《だいしきけん》大才気《だいさいき》の人《ひと》を待《ま》ちて、群材始《ぐんざいはじ》めて之《こ》れが用《よう》を為《な》す（安政《あんせい》六年正月二十七日『子遠に語《つ》ぐ』より）

【訳】

「ああ、私は世の中に才能ある者がいないことを憂えているのではなく、才能ある者を職務につかせないことを憂えているのである。物事を正しく見極める力を持ち、物事を巧みに処理する才知がある人が上に立ってこそ、才能ある多くの人々も活躍できるのだ」

【解説】

老中・間部詮勝《まなべあきかつ》の暗殺計画を立てたことで、野山獄《のやまごく》へ投獄されていた松陰が、高弟である入江杉蔵《いりえすぎぞう》に宛てた手紙である。組織として優秀な人材を数多く集めることができれば一番だが、現実的にそれは難しい。しかし松陰が言うように、物事を正しく見極める力を持ち、物事を巧みに処理する才知がある優れた人物が人材をマネジメントできる立場にあれば、いまある人材をうまく活用することができる上、優秀な部下を育て、才能のある人々が活躍できる職場を作ることができるはずである。適切な人事こそ、組織を生かす上で重要なのだ。

『従容無心《しょうようむしん》に出《い》でて作為《さくい》を借《か》らざる』

↓人を教え導く時は、自分をよく見せようとせずに無心で臨め

【原文】

君子《くんし》の道徳《どうとく》を其《そ》の身《み》に蔵《ぞう》して、其の化《か》の物《もの》に及《およ》ぶや、従容無《しょうようむ》心《しん》に出《い》でて作為《さくい》を借《か》らざるに似《に》たるあり（弘化《こうか》三年『雲の説』より）

その五十四

【訳】

「優れた人物が、善悪を判断し正しく行う規範を持ち、人を教え導こうとする時は、自分をよく見せることはせず、ゆったりと落ち着き、一切の妄念《もうねん》から離れた心で行うべきである」

【解説】

部下を指導する時、「相手から自分がよく見られたい」「悪く思われたくない」がために虚栄心が働いてしまうことがある。しかし松陰は、人を教え導こうとする時こそ、そうした妄念《もうねん》から解放された「無心」の心で臨まなければならないと説く。弘化《こうか》3年といえば、松陰は17歳。山鹿《やまが》流兵学の勉強に励みながら、他流の兵学なども精力的に学んでいた頃である。後見人が付けられていたとはいえ、すぐれた指導者としての正しい心構えを、松陰はすでに身につけていたことが伺える一節である。

『今妄《いまみだり》に其《そ》の頑質《がんしつ》を矯《た》めば、人《ひと》を成《な》らざらん』

↓やたらめったらに欠点を矯正しても、立派な人にはなれない

【原文】

暢夫《ちょうふ》後必《のちかなら》ず成《な》すことあるなり。今妄《いまみだり》に其《そ》の頑質《がんしつ》を矯《た》めば、人《ひと》を成《な》らざらん（安政《あんせい》六年二月『高杉晋作《たかすぎしんさく》あて書翰《しょかん》』より）

【訳】

「高杉晋作は将来、必ず立派な人となる。しかし今、妄りにその頑なな気質を矯正してしまっては、立派な人となることはできないだろう」

【解説】

暢夫《ちょうふ》とは高杉晋作《たかすぎしんさく》の字《あざな》。安政４年、幽囚室《ゆうしゅうしつ》で若者たちに学問を教えていた松陰のもとに、幼なじみの久坂玄瑞《くさかげんずい》に連れられた晋作がやってくる。彼はのちに玄瑞と並んで「松下村塾の双璧《そうへき》」と呼ばれるまでに成長するが、当時は学問よりも剣術に熱心だったという。そんな晋作の資質を松陰は見抜き、玄瑞と競わせることで才能を伸ばしていったのである。この一文は晋作に宛てたものではあるが、一人ひとりと向き合い、相手の潜在的な可能性を広げていく松陰のリーダー学が垣間見える名辞として覚えておきたい。

『心《こころ》を以《もっ》て至《いた》らば、斯《これ》に之《これ》を受《う》くるのみ』

↓正しい心を持つ者だけでなく、これから正しく生きようとしている者も受け入れるべきである

【原文】

「往《い》く者《もの》は追《お》はず」、然《しか》れども其《そ》の前日《ぜんじつ》の善美《ぜんび》を忘《わす》るることなかれ。「来《く》る者は拒《こば》まず」、又其《またその》の前日の過悪《かあく》を記《き》することなかれ。「苟《いやしく》も是《こ》の心《こころ》を以《もっ》て至《いた》らば、斯《これ》に之《これ》を受《う》くるのみ」。徒《いたずら》に心のみに非《あら》ず、斯の面《おもて》を以て来る者と云《い》へども、亦是《またこれ》を受けんのみ

(安政《あんせい》三年六月十日夜『講孟箚記《こうもうさっき》』より)

その五十六

【訳】

「去っていく者は追わず、とはいえ、その人の立派で美しい過去を忘れてはならない。来る者は拒まない。とはいえ、その人の過去の誤りや罪を覚えていてはならない。仮にも、人として正しく生きようという心を持ってきたのなら、受け入れるのみである。心だけではなく、正しく生きようという顔つきをしてきた者も、受け入れるのみである」

【解説】

松陰が始めた松下村塾では、厳しい規則を作ることなく、ともに家事や労働に汗を流しながら、学問に打ち込んでいたという。松下村塾は評判を呼び、若者が次々と訪れるようになるが、松陰は「来る者は拒まず」を基本として、彼らを受け入れる。また、塾生の将来を案じて、藩で働く機会を塾生たちに積極的に与えたり、塾を離れる塾生には必ず送別の言葉を贈っていた。指導者として心を尽くしていた松陰の人となりが感じられる。

『大義《たいぎ》を以《もっ》て絶交《ぜっこう》に及《およ》ぶと雖《いえど》も、私情遂《しじょうつい》に悪声《あくせい》を出《いだ》すに忍《しの》びざるなり』

↓道義に基づいて人と絶交することになっても、その人の悪口を言うものではない

【原文】

「大義《たいぎ》を以《もっ》て絶交《ぜっこう》に及《およ》ぶと雖《いえど》も、私情遂《しじょうつい》に悪声《あくせい》を出《いだ》すに忍《しの》びざるなり。已《や》むを得《え》ずして国《くに》を去《さ》ると雖《いえど》も、旧情遂《きゅうじょうつい》に吾《わ》が名《な》を潔《いさぎよ》くするに忍びざるなり。故《ことさ》らに矯飾《きょうしょく》して長者《ちょうじゃ》の風《ふう》をなすに非《あら》ず」（安政《あんせい》二年八月九日『講孟劄記《こうもうさっき》』より）

その五十七

【訳】

「道義に基づいてある人と絶交することになっても、その人の悪口を言うのは情において忍びないものである。やむを得ず国を去るとしても、自分だけは潔白だったとするのは、情において忍びないことである。とはいえことさらにうわべを取り繕い、徳の優れた人物のようにしろということではない」

【解説】

中国戦国時代、燕《えん》の武将である楽毅《がっき》の「立派な人物は、人と交わりを絶ってもその人の悪口を口にしない。忠義を尽くす家来は、仕えた国を去っても君主の過悪を暴露するようなことはなかった」という言葉に対しての松陰の解釈を述べた一節である。何らかの事情により、人と関係を絶ったり組織を離れることになっても、それを他人の責任にすることなく、常に自らを省みることがリーダーには求められるのだ。

『成《な》し難きものは事《こと》なり、失ひ易きものは機《き》なり』

↓事業を成すチャンスは滅多に来ないものだから、何があっても摑め

【原文】

成《な》し難きものは事《こと》なり、失ひ易きものは機《き》なり。機来《きた》り事開《ひら》きて成す能《あた》はず、坐して之れを失ふものは人の罪なり（安政《あんせい》五年三月『中谷賓卿《なかたにひんきょう》を送る序』より）

その五十八

【訳】

「成し遂げるのが難しいのは事業であり、失いやすいのは機会である。機会が来て事業を起こしても成し遂げることができず、何もせずに機会を失うのは人の罪である」

【解説】

中谷賓卿《なかたにひんきょう》とは、松陰が22歳で江戸へ遊学した時の仲間で、松陰の良き相談相手でもあった長州藩士の中谷正亮《しょうすけ》のことである。日本の将来を常に案じていた松陰は、脱藩、藩籍を剥奪された身分での上書の提出、アメリカの渡航計画など、猛々しい行動を続け、老中・間部《まなべ》詮勝《あきかつ》の暗殺計画や要駕策《ようがさく》といった後年の倒幕活動においてもその熱意が失われることはなかった。松陰の思い描くシナリオはどれも実現こそしなかったが、一生涯をかけて志士として成すべきことを成そうとした生き様が、この一節からも読み取ることができる。

『彼《かれ》の道《みち》を改《あらた》めて我《わ》が道に従《したが》はせ難《がた》き』

↓相手を自分の生き方に従わせることは難しい

【原文】

彼《かれ》の道《みち》を改《あらた》めて我《わ》が道に従《したが》はせ難《がた》きは、猶吾《なほわ》れの万々《ばんばん》彼の道に従ふべからざるが如《ごと》し（安政《あんせい》三年六月十日『講孟劄記《こうもうさっき》』より）

その五十九

【訳】

「人の生き方を改めさせて、自分の生き方に従わせることは難しく、それは私が決して人の生き方に従えないことと同じなのである」

【解説】

人が人と向き合い、真に相手を理解する上で忘れてはならない一文であろう。一人ひとりの生き方がそれぞれ異なること、それを自分の生き方に従わせることなどできないことを松陰は理解していた。だからこそ、松下村塾に集まる塾生たちの特性を見て、彼らのより良いところを伸ばせるような指導法を行ったのである。時に人は、部下や家族を自分の考え方、生き方にはめてしまうことがある。リーダーであったとしても、それは決して許されるものではない。

『書《しょ》を読《よ》む人《ひと》は天下《てんか》に満《み》つれども、道《みち》を求《もと》むる者《もの》は絶《た》えてなくして僅《わず》かにあり』

↓読書や学問に励んでも、人としての道を求める努力ができる人はわずかである

【原文】

近時《きんじ》、風俗《ふうぞく》澆薄《ぎょうはく》にして教化《きょうか》陵遅《りょうち》し、書《しょ》を読《よ》む人《ひと》は天下《てんか》に満《み》つれども、道《みち》を求《もと》むる者《もの》は絶《た》えてなくして僅《わず》かにあり。而《しこう》して其《そ》の自《みずか》ら是《ぜ》とし自ら高《たか》ぶり、先知《せんち》は已《すで》に肯《あ》へて後知《こうち》を覚《さと》さず、後覚《こうかく》も亦《また》肯へて先覚《せんかく》を師《し》とせず（安政《あんせい》二年九月十八日※『太華《たいか》山《やま》縣《がた》先生に与へて講孟箚記《こうもうさっき》の評を乞ふ書』より）

その六十

【訳】

「近ごろは、風俗が軽薄になり、人を教え導く風潮が衰え、本を読む人は多くても、人としての道を求める者は絶えてわずかである。そして、人は自分の現状を良しとして、優れた才能のある先知先覚の者は平凡な後知後覚の者を指導しようとせず、平凡な者も優れた者を師としようとしない」

【解説】

松陰はこの後段で、「こうしたことこそが、人の人たる道が行き詰まっている原因であり、志のある優れた人が憂《うれ》えている理由である」と述べている。現代におきかえれば、インターネットの普及に伴い、人はさまざまな情報を手早く簡単に得ることができるようになった。その反面、深い考察や洞察の機会は失われている。そんな時代だからこそ、優れたリーダーは自分が培ってきた経験や知識を、進んで後進のために生かしていくべきであろう。確固たる志を持って組織を導く心構えが、リーダーには求められている。

※三十五を参照

『平生《へいぜい》の言行《げんこう》各々《おのおの》其《そ》の遺命《いめい》なり』

↓日頃の言動は、遺言と同じくらい大切なものだ

【原文】

明君賢将《めいくんけんしょう》と暗君愚将《あんくんぐしょう》とは平生《へいぜい》に定《さだ》まることとなれば、平生の言《げん》行《こう》各々《おのおの》其《そ》の遺命《いめい》なり（安政《あんせい》三年『武教全書講録《ぶきょうぜんしょこうろく》』より）

【訳】

「聡明な君主や賢い将軍であるか、道理がわからない君主や愚かな将軍であるかは、普段の生活において決まるので、日頃の言葉や行いは各々の遺言のようなものである」

【解説】

松陰は同年に記した『松下村塾聯《しょうかそんじゅくき》』の中でも、「たくさんの書物を読んで人間としての生き方を学ばなければ、後世に名を残すような立派な人になることはできない。少しの労を惜しむようでは、世の人々のために尽くすことはできない」と説いている。「平生の言行……」の名辞のように、日々の言動を「遺言」と捉えて生きていくことは難しいかもしれない。しかし、優れたリーダーを志すならば、日々精進することを怠らず、常に気を引き締めて毎日を送ることを心がけるべきということだろう。

『古《いにしえ》より大業《たいぎょう》を成《な》すの人《ひと》、恬退緩静《てんたいかんせい》ならざるはなし』

↓大業を成し遂げる人はおだやかで落ち着いている

【原文】

古《いにしえ》より大業《たいぎょう》を成《な》すの人《ひと》、恬退緩静《てんたいかんせい》ならざるはなし（安政《あんせい》三年四月七日『講孟箚記《こうもうさっき》』より）

【訳】

「昔から、大きな仕事を成し遂げる人は、態度がおだやかで落ち着いている」

【解説】

晩年、高弟の高杉晋作《たかすぎしんさく》が「男子が死ぬべきところはどこか」という問いを発した際に、松陰は「死はむやみに求めたり避けたりするものではなく、人間として恥ずかしくない生き方をすれば、惑わされることなく死をいつでも受け入れることができる。死ぬことによって志が達成できるならば、いつ死んでも良いし、生きていることで大業の見込みがあれば、生きて成し遂げれば良い」と説いている。私利私欲に惑わされることなく、志を立て、ひたむきに成すべきことを成せば、結果は必ずついてくるであろう。

『人《ひと》の志《こころざし》を立《た》つる、必《かなら》ず二《に》三《さん》十年《じゅうねん》を積《つ》みて』

↓人の志の真偽は、二、三十年たってみなければわからない

【原文】

人《ひと》の志《こころざし》を立《た》つる、必《かなら》ず二《に》三《さん》十年《じゅうねん》を積《つ》みて、然《しか》る後《のち》灼然《しゃくぜん》として信《しん》ずべく、昭然《しょうぜん》として見《み》るべし（安政《あんせい》三年十一月二十三日『赤川淡水《あかがわおうみ》の館中同学《かんちゅうどうがく》に与ふる書を読む』より）

【訳】

「人が志を立てた時には、必ず二、三十年は実行したのを見届けて、そこで初めて信じるべきであり、明らかに認めるべきである」

【解説】

赤川淡水《あかがわおうみ》（のちの佐久間佐兵衛《さくまさべえ》）は松陰の兵学門下生であり、友人でもあった。松陰はこの後段で「青年が人並み外れて優れた才能を持っていても、あてにしてはいけない。純粋な誠実さ、それを信頼するだけである」とも述べている。才能ある若者が信念を持って実社会に飛び出しても、時間が経つにつれて初心を忘れ、凡人となってしまうことは少なくないだろう。真心のこもった仕事を長い年月続けていくことは難しい。だからこそリーダーは、導く者たちがくじけることなく誠実に働けるよう導いていく必要がある。

【コラム】

「近代的市民層」が薩長土肥だけで育った理由

「薩長史観」を否定し、彼らはたまたまの勝者に過ぎないという考え方が流行《はや》っている。だが、薩長土肥が倒幕維新の主役になったのは、偶然でなく、「近代的市民層」に近い階級の存在という共通項があったからだ。フランス革命の主役になったのは、第三身分、つまり、知的訓練を受け目覚めた市民層だった。ところが、江戸時代の日本では、幕末に近くなってから藩校ができて、上級武士が中国の古典を学ぶことが多くなったが、実用的な勉学を軽蔑して、算術の九九すらできなかった一方、庶民は、寺小屋で手紙を書いたりそろばんをはじくことを勉強した反面、十分に多くの漢字を読める者も少なく、高度な知的活動からは排除されていた。

ところが、薩長土肥の四藩では、それぞれに由来は違うが、西洋の市民層に非常に近い中間層が育ち、藩政改革の主役になり、志士たちを生んだ。薩摩では人口の二〇パーセント以上も下級武士がおり、そこから西郷や大久保が出た。土佐では坂本龍馬《さかもとりょうま》のような、武士と庶民の中間階級である郷士《ごうし》という身分が分厚くいた。佐賀では大隈重信《おおくましげのぶ》や江藤新平《えとうしんぺい》らが身分を問わないスパルタ教育のなかから育ってきた。

そして、長州では身分を超えた登用が行われ、それはやがて奇兵隊《きへいたい》という近代的な軍事組織まで生んだ。吉田松陰の実家の杉家は大内氏に仕えた豊前《ぶぜん》の戦国武将の子孫と言うが、石高はわずか二六石。実質的には中津《なかつ》藩の福沢諭吉《ふくざわゆきち》の生家と同じくらいの貧乏武士だし、吉田家は兵法指南の特殊技能者で五七石の中級武士だ。

弟子たちには高杉晋作のような上級武士もいるが、伊藤博文《ひろぶみ》は農民だった父が足軽の養子になっただけだし、山縣有朋《やまがたありとも》は足軽より下の中間《ちゅうげん》という武家使用人だ。そういう長州だからこその吉田松陰であり明治維新なのである。岸・佐藤兄弟の実家も無給通《むきゅうどおり》という半農の下級武士である。

第四章

仲間

『友《とも》なる者は其《そ》の徳《とく》を友とするなり』

→お互いの人格を認めあえるのが友である

【原文】

友《とも》なる者は其《そ》の徳《とく》を友とするなり（安政《あんせい》二年十二月二十四日『講孟劄記《こうもうさっき》』より）

その六十四

【訳】

「友人というものは、その人の持っている徳を友とすることである」

【解説】

孟子《もうし》の名辞「友也者友其徳也」を引用したものである。相手との年齢差や社会的身分の違い、兄弟の有無やそれぞれの優劣を考えているようでは、親交を深めることはできない。また、金や権力にものをいわせたり、才能を自慢しているようでは、その場限りの交流はできたとしても、本当の親交を結ぶことはできないだろう。そうしたものを度外視し、心を通わせること、相手の人格的に優れているところを認め合うことが、真の親交の道なのである。

#『人唯《ひとた》だ一誠《いっせい》あり』

↓人に必要なのは、ただひとつのまごころである

【原文】

人唯《ひとた》だ一誠《いっせい》あり、以《もっ》て父《ちち》に事《つか》ふれば孝《こう》、君《きみ》に事ふれば忠《ちゅう》、友《とも》に交《まじ》はればば信《しん》。此《こ》の類千百《たぐいせんひゃく》、名《な》を異《い》にすれども、畢竟一誠《ひっきょういっせい》なり

（安政《あんせい》三年五月二十九日『講孟箚記《こうもうさっき》』より）

その六十五

【訳】

「人にはただひとつのまごころを持って、父に仕えたならば孝となり、指導者に仕えたならば忠となり、友人と交わったならば信義となる。このたぐいのことは数多くあり、呼び方はそれぞれ異なるが、その根本に必要なものは、結局ひとつのまごころなのである」

【解説】

松陰は安政6年5月、野村和作《のむらわさく》（和策《わさく》）へ宛てた書簡の中でも「人はただ、まごころだけである。まごころとは愛するべきであり、敬うべきである」と記している。当時の松陰は、幕府からの命令で野山獄《のやまごく》から江戸へ護送されることになり、その出発を待っていた時期。5月14日、松陰は妹たちに宛てた手紙の中で「取り調べは5年、10年かかるかもしれない。まず二度と萩《はぎ》に帰ってくることはできないだろう」と述べている。最悪の事態を覚悟していたからこそ、松陰はまごころを持つことを説いたのかもしれない。

『無用《むよう》の言《げん》を言《い》はざるを第一戒《だいいっかい》と為《な》す』

↓必要以外のことは口にするべきでない

【原文】

吾《わ》が性多言《せいたげん》なり、多言は敬《けい》を失《しっ》し誠《まこと》を散《さん》づ、故《ゆえ》に無用《むよう》の言《げん》を言《い》はざるを第一戒《だいいっかい》と為《な》す（安政《あんせい》六年正月二十四日『李卓吾《りたくご》の「劉肖川《りゅうしょうせん》に別るる書」の後に書して子大《しだい》に訣《わか》る』より）

その六十六

【訳】

「私の性格は多言である。多言であると、敬いの気持ちを失い、まごころがちりぢりになっていく。だから無用なことは口にしない、ということを第一の戒めとしている」

【解説】

子大《しだい》とは、松下村塾門弟の作間忠三郎昌明《さくまちゅうざぶろうまさあき》の字《あざな》である。松陰は、しばしば自分には多言な所があってよくないと言っており、[※1]「大切な問題を世間話にしてはいけない」[※2]「日頃ぺらぺらしゃべる男は、大切なときに必ず黙る」など、多言への注意を促す言葉が多く残っている。この一節では、多言になると敬いの気持ちやまごころがなくなってしまうと説く。男たるもの、思ったことをそのまま口に出してしまうようではだめなのである。

※1 十五を参照　　※2 二十二【訳】を参照

『多人数《たにんずう》の中《なか》には、自然気性《しぜんきしょう》の不同《ふどう》も之《こ》れあるもの』

↓寛容になり個人的な感情をなくせば、性格の合わない人ともうまくいく

【原文】

多人数《たにんずう》の中《なか》には、自然気性《しぜんきしょう》の不同《ふどう》も之《こ》れあるもの候《そうら》へども、此《こ》れ等《ら》の類《たぐい》大概《たいがい》私心《ししん》より起《おこ》る事《こと》に候へば、互《たが》いに寛容《かんよう》到《いた》し、隔心《かくしん》之《こ》れなき様《よう》相心得《あいこころえ》、先進《せんしん》を敬《うやま》ひ後進《こうしん》を導《みちび》き候儀《そうろうぎ》、肝要《かんよう》たるべく候事《そうろうこと》（嘉永《かえい》元年十二月『兵学寮掟書条々《へいがくりょうおきてがきじょうじょう》』より）

【訳】

「世の中には、性格や気質が合わない人もいるが、そうしたことは大概、個人的な感情から起こるものなので、お互いに寛容になり、心に隔たりを作らないよう心得、先輩を敬い、後輩を導くことが非常に大切である」

【解説】

松陰は16歳頃から山鹿《やまが》流兵学やその他の流派、西洋の兵学も積極的に学び始めていた。さまざまな兵学者、学生との出会いを通して視野を広げ、人は一人ひとり異なり、その違いを認めた上で付き合うことが交友を広げる基本であることを、身をもって理解していたのであろう。私利私欲を抑えて相手のために心を尽くすことができれば、自然と相手も心を開いてくれるはずである。そうして生まれた関係は、馴れ合いの中では決して得られない刺激に満ちている。

『人情《にんじょう》は愚《ぐ》を貴《たっと》ぶ』

↓人情は正直一途であれ

【原文】

人情《にんじょう》は愚《ぐ》を貴《たっと》ぶ。益々《ますます》愚にして益々至《いた》れるなり（安政《あんせい》二年八月十六日『講孟劄記《こうもうさっき》』より）

【訳】

「人情は愚直であることが大切である。愚直であるほど、人情に至れる」

【解説】

松陰は、人としての情けや相手への思いやりは、「愚」つまり正直すぎるくらい正直であるのがよいと言っている。さらに安政5年に書かれた『要路役人《ようろ》に与ふ』の中で、「人は、自分で体験し、実践するということを知らなければ、人とはいえない」とも述べている。うわべだけを取り繕っているような人、体験や実践もないのに頭でっかちで、すべてを理解していると思い込んでいるような人に、情けや思いやりはもちろん、親近の情が湧いてくることもない。誠実に、ひたむきに生きることを心がけたい。

『君子《くんし》は交游《こうゆう》を慎《つつし》む』

↓むやみに人と交際するものではない

【原文】

徳《とく》を成《な》し材《ざい》を達《たっ》するには、師恩友益多《しおんゆうえきおお》きに居《お》り。故《ゆえ》に君子《くんし》は交《こう》游《ゆう》を慎《つつし》む（安政《あんせい》三年三月『士規七則《しきしちそく》』より）

【訳】

「徳を磨き才能を伸ばすためには、恩師の恩や友人からの益が大いに関わってくる。だからこそ、立派で優れた人は、人と交流を慎むのである」

【解説】

『※士規七則《しきしちそく》』とは、前述の通り、玉木彦介《たまきひこすけ》の元服を祝って贈られたもので、幕末以降、国を思う若者にとっての人生の指針ともなったもの。たとえ持って生まれた才能があっても、自分自身の一番の成長の糧となるのは、優れた師や友人からの影響である。しかし、そうした師、友人を得ることは容易ではない。自分が人間として立派であり、機が熟さなければ、良き師、良き友との出会いも生まれることがないからだ。だからこそ松陰は、いたずらな交流には慎重になれと説いているのだろう。

※二十三を参照

『是《ぜ》非《ひ》の心《こころ》、人《ひと》各々《おのおの》之《こ》れあり』

↓人それぞれの判断基準を尊重すべきだ

【原文】

是《ぜ》非《ひ》の心《こころ》、人《ひと》各々《おのおの》之《こ》れあり、何《なん》ぞ必《かなら》ずしも人の異《い》を強《し》ひて之れを己《おの》れに同《おな》じうせんや（安政《あんせい》六年三月十九日『要《よう》駕《が》策《さく》主《しゅ》意《い》上』より）

その七十

【訳】

「何が正しくて間違っているのかという心は、誰もがそれぞれ持っているものであり、どうして違う意見を持っている人を強制して、自分と同じようにする必要があるのだろうか。いやありはしない」

【解説】

安政6年、混迷する日本の状況を打破するため、※要駕策《ようがさく》計画を企てた松陰だが、その過激な計画を耳にして、多くの塾生たちは松陰へ自重を求めた。そうしたなかで書かれたこの書には、期待していた塾生たちの裏切りに対する松陰の憤りが込められているといえる。ただし、この一節を抜き出してみれば、自分とは異なる意見を尊重することができず、周囲の人間に価値観の画一化を迫ってしまうことの危うさを、的確に指摘しているとはいえないだろうか。

※十四を参照

『独《ひと》り学《まな》びて友《とも》なくんば、
則《すなわ》ち孤陋《ころう》にして寡聞《かぶん》なり』

↓ともに切磋琢磨《せっさたくま》し合う友人がいなければ、退屈で
偏った学問となる

【原文】

曰《いわ》く、「独《ひと》り学《まな》びて友《とも》なくんば、則《すなわ》ち孤陋《ころう》にして寡聞《かぶん》なり」と
(弘化《こうか》四年二月朔日『清水赤城《しみずせきじょう》に与ふる書』より)

【訳】

「昔の人が言った。『一人で学び、友人がいなければ、見識は偏って、知識や考えが狭くなりつまらなくなる』と」

【解説】

長沼流の兵学者、清水赤城《しみずせきじょう》に宛てた書の一節である。ここでは、いくら熱心に学問に励んでも、一人で行っている限り、それが進歩することはないと言っている。自分の学問がどこまで進んでいるのかを知ることもできないし、そもそも学問とは知識を詰め込むものではなく、人としての正しい生き方を学ぶものだからだ。松陰はこの前段で、「名を立てようと望んでいる者が、青雲の士に付くことなく、どうして後世に名を残すような優れた人物になれるだろうか。なれはしない」という古人の言葉も引用している。優れた友、そして師は、正しく生きる上でなくてはならない存在である。

『死《し》友《ゆう》に負《そむ》かずと謂《い》ふべし』

↓先立った友と交わした約束は決して裏切るべきでない

【原文】

死《し》友《ゆう》に負《そむ》かずと謂《い》ふべし。死友に負く者、安《いず》んぞ男子と称するに足《た》らんや（安政《あんせい》六年五月二十二日『照顔録《しょうがんろく》』より）

【訳】

「先立った友との約束には背かない、と言うべきである。亡くなった友を裏切るような者を、どうして男子といえるだろうか。いえはしない」

【解説】

『照顔録《しょうがんろく》』とは、安政6年に松陰が野山獄《のやまごく》から江戸へ護送される直前、それまで読んだ数多くの本の中から心に留まった名言を書き出し、塾生や友人たちのために残したものである。この一文は、生死に関係なく、友人と交わした約束は決して裏切らないのが人間の道理だということを簡潔に表した名辞といえる。ごまかさず、偽らず、真面目であることが、人としての美徳なのである。

『人《ひと》に交《まじ》はる事《こと》は有《あり》の儘《まま》なる事《こと》を貴《とうと》ぶ』

↓あるがままの心で、人と交流すべきだ

【原文】

人《ひと》に交《まじ》はる事《こと》は有《あり》の儘《まま》なる事《こと》を貴《とうと》ぶ（安政《あんせい》二年三月『松本源四《まつもとげんし》郎《ろう》あて書翰《しょかん》』より）

その七十三

【訳】

「人と交流をする時には、ありのままの心であることを大切にするべきだ」

【解説】

松陰が、友人である松本源四郎《まつもとげんしろう》に宛てた書の一節である。友人でも仕事上の相手でも、人と向き合う時には自分をよく見せようという妄念《もうねん》は働かせず、ありのままの心で臨むことを大切にしなければならない。この名辞は、のちにまとめられる『士規七則《しきしちそく》』の中でも言葉を変えて以下のように登場する。「人の行いは誠実で、人を欺かないことが大切である。自分をうまくごまかしたり、失敗を取り繕ったりすることは恥とする。それが公明正大の出発点である」。

『人《ひと》を要《よう》して己《おの》れに帰《き》せしむべからず』

↓相手や自分を、互いの意見に従わせる必要はない

【原文】

一事《いちじ》も合《あ》はざるものあるときは己《おの》れを枉《ま》げて人《ひと》に殉《したが》ふべからず、又《また》、人を要《よう》して己れに帰《き》せしむべからず（安政《あんせい》三年八月十八日『黙霖《もくりん》あて書翰《しょかん》』より）

その七十四

【訳】

「一つでも意見が合わない場合は、自分を曲げてまで人に従うべきではなく、また、人の意見を自分の意見に従わせるべきでもない」

【解説】

安芸《あき》の勤皇僧《きんのうそう》である黙霖《もくりん》に、松陰が宛てた書の一節である。松陰が野山獄《のやまごく》中で書いた『幽囚録《ゆうしゅうろく》』を読んだことで松陰に興味を持った黙霖は、松陰に手紙を送り、交流を始める。お互いに尊皇思想を持っていた二人だったが、当時の松陰は尊皇攘夷の立場を固めてはいたものの、討幕という考え方には至っていない時期である。そんな松陰に対して黙霖は書簡で議論を挑み、のちの松陰の思考、行動を大いに変えるきっかけを作ったと言われている。

『吾《わ》が志《こころざし》一《ひと》たび定《さだ》まりて、沈《しず》まず漂《ただよ》はざれば、其《そ》れ必ず来《きた》り助《たす》くる者あらん』

↓

自分の志が一度定まれば、必ず助けてくれる者が現れる

【原文】

吾《わ》が志《こころざし》一《ひと》たび定《さだ》まりて、沈《しず》まず漂《ただよ》はざれば、其《そ》れ必ず来《きた》り助《たす》くる者あらん。而《しか》るを況《いわん》や吾《わ》れ往《ゆ》きて之《こ》れを求《もと》むる、其れ寧《いず》くんぞ応《おう》ぜざる者あらんや。人帰《き》して天与《くみ》す、百人固《もと》より以《もっ》て千万人《せんまんにん》を得《う》べし、而ち《すなは》何ぞ難《かた》からん（安政《あんせい》五年七月十一日『杉蔵《すぎぞう》を送る序』より）

その七十五

【訳】

「自分の志が一度定まって、沈んだり迷ったりしなければ、必ず助けてくれる者が現れる。そうでなくても、自分からそんな同志を求めるのであり、どうしてそれに応じてくれない者があろうか。人が自分の同志となり、天も味方し、百人はもとより、千人、万人の同志を得ることもできる。どうして難しいことがあろうか。ありはしない」

【解説】

入江杉蔵《いりえすぎぞう》（九一《くいち》）は、「※松下村塾の四天王」と称されたうちの一人。安政5年、松下村塾に入って間もなかった杉蔵は、江戸藩邸で働くために松陰のもとを離れる。この書簡は、杉蔵が萩《はぎ》を離れる際に松陰から贈られた、送別の言葉だと思われる。志を持って正しい生き方を実践していれば、必ず自分を助けてくれる同志が現れると松陰は言っている。まごころのこもった言葉に、杉蔵の心はどれだけ救われたであろうか。

※八十九を参照

『余寧《よむし》ろ人を信《しん》ずるに失《しっ》するとも、
誓《ちか》つて人を疑《うたが》ふに失すること
なからんことを欲す』

→人を信じて失敗しても、人を疑って失敗すること
はないようにしたい

【原文】

余寧《よむし》ろ人を信《しん》ずるに失《しっ》するとも、誓《ちか》つて人を疑《うたが》ふに失すること
なからんことを欲す（安政《あんせい》二年八月『講孟箚記《こうもうさっき》』より）

その七十六

【訳】

「私は、人を信じて失敗することがあっても、決して人を疑って失敗することはないようにしたい」

【解説】

この前段で松陰は「※知を好む人の多くは、人を疑いすぎて失敗する。仁を好む人は、人を信じすぎて失敗する。どちらも偏っているのである。ただし、人を信じる者は、往々にして、人を疑う人に勝る功績を成し遂げることがある」と述べている。人を信じようとする時、もしかしたら自分は裏切られるのではないかと猜疑心《さいぎ》が顔を出すこともあるだろう。しかし、人を信じて失敗することがあったとしても、人をはじめから疑ってかかったり、裏切ったりするようなことはしないようにしたい。

※八十五を参照

『師弟朋友皆徳《していほうゆうみなとく》を以《もっ》て交《まじ》はる者なり』

↓どんな人間関係も、相手への誠意で成り立っている

【原文】

師弟朋友皆徳《していほうゆうみなとく》を以《もっ》て交《まじ》はる者なり。挟《さしはさ》む所あるべからず（安《あん》政《せい》三年五月二十九日『講孟箚記《こうもうさっき》』より）

【訳】

「先生と弟子、友人同士も、皆それぞれ人として守るべき徳を持って交流している。邪念が差し挟む余地などない」

【解説】

立派で優れた人物は、どんな時も道理にかなっているかどうかを考えて行動する。一方で愚かな人は、自分の利益になるかならないかを考えて行動する。「挟《さしはさ》む所《ところ》あるべからず」とは、自分の能力や身分、過去の功績、年齢による上下関係などを鼻にかけて、人と交流することへの戒めである。松陰は、藩校明《はんこうめい》倫館《りんかん》で教わった先生や同士、松下村塾の門弟などをいつも気にかけ、手紙を頻繁に送って自分の想いや考えを伝え、相手もまたそれに応えていた。われわれも、もう一度人間関係のあり方を見直したいものである。

『風俗《ふうぞく》を美《び》にせんとならば、平時気節《へいじきせつ》を尚《たっと》ぶに如《し》くはなし』

↓相手の行いをより良くするために、日頃から相手を尊重しよう

【原文】

風俗《ふうぞく》を美《び》にせんとならば、平時気節《へいじきせつ》を尚《たっと》ぶに如《し》くはなし。気節《きせつ》を尚《たっと》ぶは勤倹《きんけん》を励《はげ》ますと直言讜議《ちょくげんとうぎ》を奨《すす》むるに如《し》くはなし（安《あん》政《せい》五年九月『読綱鑑録《どっこうかんろく》』より）

その七十八

【訳】

「人々の行いを美しくしようとするなら、普段の生活で人々の気概を敬い、大切にして重んずることだ。そのためには、まず仕事に励み、節約をさせ、遠慮せずに自分の考えを述べ、正しい議論を行うように奨めることである」

【解説】

人はまわりに影響されやすい。ならば、自分から努めて人が良くなるような環境を作ることができれば、人の心をより美しくすることができるはずである。何事かに取り組もうとしている気持ちを敬い、大切にすること。相手の気持ちを尊重し、周りに遠慮することなく自分の意見を表すことができるような人間関係を築くこと。それを行うためには、まず自らが人を欺かず、誠実に相手と向き合い生きていくことが求められる。

【コラム】

朴正熙大統領も吉田松陰に学んだという事実

韓国などでは、吉田松陰が日韓併合など大日本帝国のアジア進出のイデオローグでないかと否定的に見る人がいる。そういう人たちには、松陰の思想はそれが語られたことの時代背景のなかで理解されるべきだと申し上げている。松陰が生きたのは、アヘン戦争によって中国が半植民地化し、日本にも危機が迫っていた時代である。松陰は「尊皇攘夷」を唱えたが、ペリー艦隊に小舟で乗り付けて海外へ連れて行くように頼んだくらいだから、開国に反対だったのではない。欧米に武力で脅されて彼らのいうがままに開国することを否定し、日本の統一と独立を守るために、朝廷の下で藩の壁を乗り越えて団結し、日本を強くしていこうとしたのである。

そして、中国のだらしなさにあきれ、日本がアジアのリーダーになって欧米と対抗していくしかないと考えた。そうした思想はどこも間違っておらず、悪いのは、それを実現するために強引すぎる手段を使ったことであって、それを松陰の思想に原因があるというのは適切だと思えない。

明治になってからの松陰のイメージは、初めは革命家、平民主義の先駆として捉えられたが、やがて、アジアの盟主たらんとした一面が、時代背景など抜きに強調されたりもし、それが、戦後の一時期の低評価につながった。しかし、その後は、優れた教育者、変革イデオロギーの提唱者として再評価が進み現在に至っている。

また、松陰の言葉は、日本人として語られたものだが、その思想には他民族に虐げられた諸国民にとっての普遍性がある。岸信介《きしのぶすけ》は朴槿惠《パククネ》大統領の父である当時の朴正熙《パクチョンヒ》大統領から「自分は幕末の吉田松陰、高杉晋作《たかすぎしんさく》の心で国造りをしている」と聞かされたという。それは、朴正熙が親日派だったということではなく、日本人として松陰や高杉が行動したように、韓国人としてかくありたいということだったのだと思う。

第五章

心

『君子《くんし》は厚《あつき》に過《あやま》ち、廉《れん》に過ち、介《かい》に過ち、小人は薄《うすき》に過ち、忍《にん》に過ち、貪《どん》に過ち、通《つう》に過つが如《ごと》きなり』

↓立派な人は、情が厚く、愛情深く、心清らかで世間に通じていないから過ちを犯すのであり、つまらない人は、情が薄く、残忍で、貪欲、俗世間に通じているから過ちを犯す

【原文】

君子《くんし》は厚《あつき》に過《あやま》ち、愛に過ち、廉《れん》に過ち、介《かい》に過ち、小人は薄《うすき》に過ち、忍《にん》に過ち、貪《どん》に過ち、通《つう》に過つが如《ごと》きなり（弘化《こうか》三年『論語、人の過《あやまち》の章解義《しょうかいぎ》』より）

その七十九

【訳】

「立派な人は、情に厚いためにあやまち、愛のためにあやまち、心清らかなためにあやまち、世間に通じないためにあやまちを犯し、つまらない人は情に薄いためにあやまち、残忍なためにあやまち、貧欲なためにあやまち、情を通じたためにあやまちを犯す」

【解説】

これは、『論語』里仁《りじん》篇にある言葉について触れた一節。この後で松陰は「人の過失は、その人物の種類による。ゆえに、その人の過失を見れば、どんな人間であるかがわかる」と言っている。誰しも間違いや失敗を犯すが、それはその人間によってまったく質が異なる。前者の理由で犯したあやまちは、まったく恥じる必要がない。松陰の犯した〝あやまち〟とは、すべて前者の理由によるものではないか。それを国家が汲み取ることなく、その命をも断ってしまったことは、とても嘆かわしいことである。

『古人今人《こじんこんじん》、異《こと》なることなし』

↓

昔のすぐれた人も今の私たちも、何ら変わりはない

【原文】

古人今人《こじんこんじん》、異《こと》なることなし。（中略）苟《いやしく》も人々自ら激昂《げっこう》せば、今豈《あに》古に譲《ゆず》らんや。（中略）「俗人の癖として、古人と云《い》へば、神か鬼か天人《てんにん》かにて、今人《こんじん》とは天壌《てんじょう》の隔絶《かくぜつ》をなせる如《ごと》き者と思ふ。是れ自暴自棄《じぼうじき》の極《きわみ》にて（安政《あんせい》三年六月十七日『講孟箚記《こうもうさっき》』より）

【訳】

「昔のすぐれた人も、今の人も何ら変わりはない。（中略）もし人々が自ら発奮すれば、今の人も古人に及ばぬはずがない。（中略）世俗の人の癖として、昔のすぐれた人といえば、神か、鬼か、天人かと見なし、今の自分とは、天と地ほどかけはなれていると思っている。これは自暴自棄の極みである」

【解説】

松陰の時代だけでなく、今のわれわれからしても、孔子や孟子にはじまる〝古《いにしえ》の人〟は、想像もつかないほど優秀で、到底自分の力など及ぶ相手ではないと思っているものだ。また、同じ時代を生きる優れた人に対しても、持って生まれたものが違うと羨むような人が多い。しかし、優れた人物こそ人一倍努力しているものである。世俗の人が、自分の努力が及ばないからといって、そうした言葉で片付けることはできない。また、それを言い訳にして、努力することを諦めてもいけないのである。

『十歳にして死する者は十歳中《ちゅう》自《おのずか》ら四時《しじ》あり』

↓それぞれの人生にそれぞれの四季がある

【原文】

十歳にして死する者は十歳中《ちゅう》自《おのずか》ら四時《しじ》あり。（中略）五十、百は自ら五十、百の四時あり。十歳を以て短しとするは蟪蛄《けいこ》をして霊椿《れいちん》たらしめんと欲するなり。百歳を以て長しとするは霊椿をして蟪蛄たらしめんと欲するなり。斉《ひと》しく命に達せずとす
（安政《あんせい》六年十月二十五日『留魂録《りゅうこんろく》』より）

【訳】

「十歳で死ぬ者は、その十年の中におのずと四季がある。（中略）五十歳、百歳にはおのずと五十歳、百歳の四季がある。十歳をもって短いとするのは、夏蟬《ひぐらし》を長生の椿のようにあってほしいと望むことである。百歳をもって長いと思うことは長生の椿を夏蟬のようにあってほしいと望むことである。ともに、天命に達しないということである」

【解説】

「身はたとひ 武蔵《むさし》の野辺《のべ》に 朽ちぬとも 留め置かまし 大和魂《やまとだましい》」という有名な歌からはじまる松陰の遺書『留魂録《りゅうこんろく》』の一節。安政6年10月27日に処刑される2日前、死を目前にした松陰が書いたものである。この前段にて「死を前にして少しも心が騒がないのは、春夏秋冬の巡りの中で得るものがあったからである」と言っている。30年の生涯にも、実りと収穫があったのだから悔いはないという。どんな人生にも四季があり、生きた年月の長さは問題ではないのである。

『自ら以《もっ》て俗輩《ぞくはい》と同じからずと為《な》すは非《ひ》なり、当《まさ》に俗輩と同じかるべからずと為《な》すは是《ぜ》なり』

↓自分はくだらない人間ではないと思うのはただの傲慢で、くだらない人間になりたくないと思って精進するのがよい

【原文】

自ら以《もっ》て俗輩《ぞくはい》と同じからずと為《な》すは非《ひ》なり、当《まさ》に俗輩と同じかるべからずと為《な》すは是《ぜ》なり。蓋《けだ》し傲慢《ごうまん》と憤激《ふんげき》との分《わかれ》なり（弘化《こうか》四年『寡欲録《かよくろく》』より）

【訳】

「自分は凡俗な人たちと同じではないとするのは間違っているが、凡俗な人と同じにならないようにしようとするのはよいことである。それは、思い上がることと、自分を奮い立たせることの違いである」

【解説】

『寡欲録《かよくろく》』は、18歳の松陰が山鹿《やまが》流兵学の修業をしていた時期に書いた著作。松陰は家学の後見人の下で講義を行っていたが、本格的に師範として独立したのは19歳になってからであった。しかし、いざ独立してみると満足のいく講義ができなかったようである。それまで神童と呼ばれるほど優秀だった松陰も、自分は決して特別ではないと思ったのかもしれない。自分は、周囲の俗人とは違うと思っている時点で、すでに俗人なのである。特別な人間ではないけれど、優れた人になりたいと発奮し努力することが大切である。

『無《む》情《じょう》却《かえ》って情《なさけ》有り』

↓
情けがないように感じることのほうが、かえって情が深いことがある

【原文】

竜水は信従《よ》り来る、無《む》情《じょう》却《かえ》って情《なさけ》有り。故人《こじん》の事を問わんと欲すれば、只激怒《ただげきど》の声を為す（安政《あんせい》元年冬『幽囚録《ゆうしゅうろく》』より）

【訳】

「信濃《しなの》の国から下ってくる天竜川《てんりゅうがわ》の水は、無情のように見えてじつは情深いのかもしれない。故人のことを尋ねようとしたら、ただ怒り渦巻く水音が聞こえてきた」

【解説】

『幽囚録《ゆうしゅうろく》』は、黒船密航計画の目的を記し、佐久間象山《さくましょうざん》へ送った有名な記録。日本はながらく鎖国をしてきたが今や航海通商をする時代であり、他国の文明を取り入れていかなくてはいけないと松陰は言っている。この一節は、松陰が江戸獄を出て萩《はぎ》に向かう道中で天竜川《てんりゅうがわ》を渡ったときに、川上の信濃国《しなののくに》で蟄居《ちっきょ》中の佐久間象山を思って作った歌である。天竜川の水は何も答えてくれなかったが、じつは怒り渦巻く水音が密航処罰への怒りを表していた。情けがないと思うことも、視点を変えれば実は情の深いことがある、と松陰は言っている。

『体《からだ》は私《わたくし》なり、心は公《おおやけ》なり』

↓

優れた人は私的な体を、公的な心で役立てる

【原文】

体《からだ》は私《わたくし》なり、心は公《おおやけ》なり。私を役《えき》して公に殉《したが》ふ者を大人《たいじん》と為《な》し、公に役して私に殉ふ者を小人《しょうじん》と為す（安政《あんせい》三年四月十五日『七生説《しちしょうせつ》』より）

その八十四

【訳】

「体は私的なものであり、心は公的なものである。私的な自分の体を、公的なことに役立てる人は徳の高い立派な人であり、公的なことを私的なことに利用しようとする人は徳のない卑しい人である」

【解説】

『七生説《しちしょうせつ》』は、27歳の松陰が萩《はぎ》の自宅の幽室で謹慎中のときに記した「丙辰《へいしん》幽室文稿《ゆうしつ》」の中の一節。「体は私なり、心は公なり」という楠木正成《くすのきまさしげ》の精神が、明《みん》の儒学者・朱舜水《しゅしゅんすい》に受け継がれ、自分の中にも生きていると感じたことから、〝精神〟の不滅を確信し、のちの七生《しちしょう》（子孫7代目）まで残っていくことを望むと言っている。松陰は生涯、日本（公）の行く末を思い、我が身（私）が危険に晒されることもいとわずに志を貫いた。たとえ自分の命がなくなっても精神は受け継がれるのだから、死を恐れる必要はないということなのだろう。

『知を好む者は多くは人を疑ふに失《しっ》す。仁《じん》を好む者は多くは人を信ずるに失《しっ》す』

↓知的な人は、人を疑いすぎて失敗し、人情に厚い人は、人を信じ過ぎて失敗する

【原文】

知を好む者は多くは人を疑ふに失《しっ》す。仁《じん》を好む者は多くは人を信ずるに失《しっ》す。両《ふた》つながら皆偏《へん》なり。然れども人を信ずる者は其の功を成すこと、往々《おうおう》人を疑ふ者に勝《まさ》ることあり（安政《あんせい》二年八月六日『講孟箚記《こうもうさっき》』より）

その八十五

【訳】

「知を好む人は人を疑いすぎて失敗する。仁を好む人は人を信じすぎて失敗する。これは両方とも偏っている。しかし、人を信じる者はおうおうにして、人を疑う人に勝る功績を成し遂げることがある」

【解説】

松陰は、この一節を受けて、「だから私は人を信じ過ぎて失敗しても、誓って人を疑って失敗するようなことがないようにしたい。まして血縁親族をなぜ疑うことがあるだろう」と記している。さらに、源《みなもとの》頼朝《よりとも》は弟の義経《よしつね》が自分の地位を奪おうとしていると疑い殺したために、優秀な人材を失って実権を北条氏に奪われた、これがいい例であると言っている。とくに地位や名誉を手に入れるほど、人を信じられなくなるのかもしれない。しかし、人を信じる心をなくしてしまったらそこで終わりである。

『恥の一字を以《もっ》て人を激励《げきれい》す』

↓恥じる心が人を励まし発奮させる

【原文】

恥の一字を以《もっ》て人を激励《げきれい》す。恥の一字、孟子喫緊《もうしきっきん》の語《ご》、故に云はく、「人以《もっ》て恥なかる可《べ》からず」、又云はく、「恥の人に於《お》けるや大なり」と（安政《あんせい》二年八月二十九日『講孟劄記《こうもうさっき》』より）

【訳】

「『恥』の一字が人を励ます。『恥』という一字は、孟子が非常に重視した言葉であり、孟子曰く『人は恥じる心がなければならない』、また『人にとって、恥じる心は非常に大切なものである』と言っている」

【解説】

松陰はこの一節を受けて、「恥じる心は人間誰しも持っているもので、木や石でない限り、恥の心がないわけがない。恥を感じないと言う者は、本当に恥じる心がないのではなく、恥を見ないようにして、さも恥ずかしくないという様子でいるだけである」と言っている。たしかに、自分の恥と正面から向き合うことは辛く苦しいことである。過去にかいた恥は忘れ捨ててしまえば楽であるが、それでは一向に変わることができない。恥を感じ、向き合うことで、自分の至らなさを知ることができ、成長していくのである。

『君子《くんし》の交《まじわり》は淡くして水の如く、小人《しょうじん》の交は濃くして醴《あまざけ》の如し』

↓純粋な交際は非常にさっぱりとして長く続くが、打算のある交際は濃く一時的である

【原文】

君子《くんし》の交《まじわり》は淡くして水の如く、小人《しょうじん》の交は濃くして醴《あまざけ》の如し。その味も知るべし。君子道義《どうぎ》の交は、淡き故《ゆえ》に久《ひさ》しうして変《へん》ぜず、小人利欲の交は濃き故に久しからずして変ず（安政《あんせい》三年五月二十九日『講孟箚記《こうもうさっき》』より）

その八十七

【訳】

「すぐれた人の交際は淡々として水のようであり、つまらない人の交際は濃く甘酒のようである。これら交際の味も知るべきである。すぐれた人の道徳ある交際は、淡々としているが故に長い間変わる事がなく、つまらない人の利益目的の交際は、濃いが故に長くは続かず、すぐに変わってしまう」

【解説】

古代中国の経書『礼記《らいき》』に出て来る言葉を抜粋して、松陰はここから交際のあり方を知ることができると言っている。この前段で、「其の進むこと鋭き者は、其の退くこと速かなり」という言葉をあげ、急激に手厚くした態度は一時の感激によるものだから、なくなるのも早いと解釈して、この一節を導いている。人になにかを求めて交際してしまうと、やたらに手厚くしてしまうのではないだろうか。本来の交際とは、さっぱりと、ただ純粋に相手と交わることだけを目的とするべきである。

『忿《いかり》を懲《こ》らすと慾《よく》を塞《ふさ》ぐと、英雄の雙《そう》工夫』

↓怒りと欲を抑えることが、すぐれた人になる条件である

【原文】

忿《いかり》を懲《こ》らすと慾《よく》を塞《ふさ》ぐと、英雄の雙《そう》工夫。慾を塞ぐは猶《な》ほ容易、殊《こと》に忿を懲らすに於《お》いて輸《やぶ》る（安政《あんせい》六年二月上旬『己未文稿《きびぶんこう》』より）

その八十八

【訳】

「怒りをこらえることと欲を抑えること、これは英雄が工夫すべき2つのことである。欲を抑えるのはまだ簡単で、とくに怒りをこらえることについては失敗する」

【解説】

『己未文稿《きびぶんこう》』の中にあるこの一節は、「声と色（外界の誘惑）に動じなければ、英雄は天下をやすらかに治めることができる。英雄として国家のために行う大きな事業は、たった一度の忍耐では大変難しい……」に続けて書かれたものである。英雄が国を治めるときの心掛けについて記している。古《いにしえ》の英雄たちは往々にして、怒りによって失敗してきた、ということを松陰は言いたいのである。そして、英雄でなくとも、何か物事を成し遂げる際には、私欲や利益に惑わされない心と、すべてを破壊してしまう怒りの気持ちに注意しなければならない。

『身死せずして而《しか》も心《こころ》死《し》せる者は今の鄙《ひ》夫《ふ》の流《りゅう》、行《こう》屍《し》の人なり』

↓尊い精神が受け継がれ、体が死んでも生き続ける賢者と、体が生きているのに心が死んでいる死人のような愚人がいる

【原文】

身《み》死して而《しか》も心《こころ》死せざる者は古《こ》聖《せい》賢《けん》の徒《と》、不《ふ》朽《きゅう》の人なり。身死せずして而《しか》も心死せる者は今の鄙《ひ》夫《ふ》の流《りゅう》、行《こう》屍《し》の人なり（安《あん》政《せい》六年二月十二日『無《む》逸《いつ》の心《しん》死《し》を哭《こく》す』より）

【訳】

「身体が死滅しても、その精神が死んでいない者は、昔の聖人や賢者らであり、これらは永遠に朽ちることのない人である。身体は死滅していないが、精神が死んでいるのは、今のくだらない人間の類であり、死人と同じである」

【解説】

無逸《むいつ》とは吉田稔麿《としまろ》のことで、松陰が幽室で講義をはじめた頃からの門弟であり、松下村塾を盛り立てるために尽力した人物。高杉晋作《たかすぎしんさく》、久坂玄瑞《くさかげんずい》、入江九一《いりえくいち》らと並び「松下村塾の四天王」と称され、松陰も期待をかけた。しかし、間部《まなべ》老中暗殺計画の一件で松陰が投獄されると、計画実行に奔走した自分にも罪名が下り、家族が犠牲となることを恐れて松陰や門弟たちと絶交してしまう。松陰は、この心変わりを「心死《しんし》」と言って、嘆き非難している。のちに松陰の慰霊祭に訪れ、高杉の奇兵隊にも参加した無逸の真意はいかほどであったか。

『無情《むじょう》なるが如《ごと》きは、多情《たじょう》の極《きわみ》と知るべし』

↓無感情に見える人ほど、じつは色々な感情を抱いているものだ

【原文】

大事《だいじ》に臨《のぞ》み無情《むじょう》なるが如《ごと》きは、多情《たじょう》の極《きわみ》と知るべし（安政《あんせい》六年五月二十二日『照顔録《しょうがんろく》』より）

【訳】

「国家の大事にあたり、家人、家事などを顧みないのは、無情なようだが、かえって憂国の情に富んでいるということを知るべきである」

【解説】

宋《そう》の富弼《ふひつ》が、契丹《きったん》に使わされている間に娘が死んでしまったことに対して、家から手紙が届いても「心を乱す」といって返事を出さなかった、という話を松陰は例えにあげ、古《いにしえ》の豪傑もすぐに感情があらわになることがある、と言っている。家族を省みないからといって、富弼が冷酷であったということではない。情けがあって感情が乱れてしまうからこそ、かえって無情のように振る舞ったのである。一見、無感情に見える人ほど心に色々な感情が渦巻いているのかもしれない。かえって感情をぺらぺら話す人こそ、心にもないことを平気で言える無情な人間なのではないだろうか。

『毀《そしり》を懼《おそ》れ誉《ほまれ》を求むるの心あらば、心を用《もち》ふる所、皆外面にありて、実事日《じつじひ》に薄《うす》し』

↓自分を良く見せようとするための行動は表面的で薄っぺらい

【原文】

世間の毀誉《きよ》は大抵其《たいていそ》の実《じつ》を得《え》ざる者なり。然《しか》るに毀《そしり》を懼《おそ》れ誉《ほまれ》を求むるの心あらば、心を用《もち》ふる所《ところ》、皆《みな》外面にありて、実事日《じつじひ》に薄《うす》し。故に君子の務《つと》めは己れを脩《おさ》め実を尽すにあり（安政《あんせい》二年九月七日『講孟箚記《こうもうさっき》』より）

【訳】

「世間が褒め、批判することとは、大抵真実を衝いていない。にもかかわらず、批判されることを恐れ、褒められたいとの気持ちに捉われれば、表面的なことに心を遣《つか》うようになり、まごころを尽くして生きようとの気持ちは日に日に薄くなっていく。だから心ある立派な人の務めは、自分の身を修め、まごころを尽くすことにある」

【解説】

誰でも、批判されることは嫌なものである。しかし、悪口や批判を言うような世間の人々に、その相手の真実を知ろうなどという心はない。それをまともに受け合って振り回されていても、まったく意味がないどころか、自分の大切にするべき志や気持ちが失われ、本来の道が見えなくなってしまうのである。松陰は、世間の人にどう言われようと、死ぬまで志を変えることはなかった。その尊い精神は松陰が死んだあとも受け継がれ、歴史に名を残したのである。

『人を待つに城府《じょうふ》を設《もう》けず』

↓人と接するときに壁を作らない

【原文】

其の歯徳《しとく》並びに隆《たか》くして、而《しかれど》も挟《さしはさ》む所あらず、人を待つに城府《じょうふ》を設《もう》けず、後進の少年を視《み》るに親弟子の如き者、必ず先づ指を吾が牛荘《ぎゅうそう》先生に屈す（安政《あんせい》四年十月十八日『中村牛荘先生に与ふ』より）

【訳】

「その年齢と徳行は高く、しかしながらそれを鼻にかけるような所もなく、人と接するときには壁を作らず、これから学問を志そうとしている少年を見ると親弟子のように接するので、みなまず牛荘先生をわが師と仰ぐ」

【解説】

中村牛荘《なかむらぎゅうそう》は、藩儒《はんじゅ》（藩主に仕える儒者）であり、明倫館《めいりんかん》の学頭も勤めたことのある人物。嘉永《かえい》4年、松陰が江戸へ遊学しているときに出会い、牛荘から指導を受けている。彼の息子、中村百合蔵《なかむらゆりぞう》も松陰と同時期に江戸へ遊学し、2人は非常に仲が良かったようである。この一節は、松陰が尊敬する牛荘先生に宛てた親愛の手紙というべきもので、その人柄や能力を褒めたたえている。どんな人物にも、へだたりなく接することのできる牛荘先生のファンは多く、松陰もその一人だったようである。

『人の精神は目にあり』

↓人の心は、目にあらわれる

【原文】

人の精神は目にあり。故《ゆえ》に人を観《み》るは目に於《おい》てす。胸中の正・不正は眸子《ぼうし》の瞭眸《りょうぼう》にあり（安政《あんせい》二年九月三日『講孟箚記《こうもうさっき》』より）

【訳】

「人の精神は目にあらわれる。だから人を観察する時は、目を見る。胸の中が正しいか、正しくないかは瞳がはっきりしているか、暗いかでわかる」

【解説】

松陰はさらに、「人のひとみを観察できる人は、人の心の正・不正だけでなく、その人間が賢いか愚かか、心の動きまですべてを明瞭に見分けるので、いかに声や笑い顔で慎み深くみせてもなんの役にも立たない」と言っている。目を見てここまで人の心の中を覗ける人は、その心も正しく澄んでいなければならないと思うが、逆にひとみを覗かれる側としても気をつけなくてはいけない。どんな人間でも、ふとした瞬間に見せる相手の一瞬の目の輝きやくもり、虚ろさなどを感じるときがある。目は嘘をつけないのである。

『人の悪を察《さつ》すること能《あた》はず、唯《た》だ人の善のみを見る』

↓人の悪い所ではなく良い所だけを見よ

【原文】

余《よ》平素《へいそ》、行《おこない》篤敬《とっけい》ならず、言忠信《げんちゅうしん》ならずと云《い》へども、天性甚《てんせいはなは》だ柔懦迂拙《じゅうだうせつ》なるを以《もっ》て、平生《へいぜい》多く人と忤《さか》はず、又《また》人の悪を察《さっ》すること能《あた》はず、唯《た》だ人の善のみを見る（安政《あんせい》三年六月七日『講孟劄記《こうもうさっき》』より）

【訳】

「私は日頃、行いは忠実でも慎み深くもなく、言葉は忠信でもないが、生まれつき大変臆病で、愚かなので、普段は人と争わず、また、人の悪を察することができないので、ただ人の善だけを見るようにしている」

【解説】

松陰はこの一節で、自分は臆病で愚かだから人の悪を見抜けず、良い所だけを見ていると言っている。しかし突拍子もないことをするので、「小人《しょうじん》」（何のわきまえもない「愚夫《ぐふ》」、学問も見識も志も気概もなく、見聞きしたものに振り回され、少しでも気概のある人物を見ると怪しむ「俗人」、程子《ていし》・朱子《しゅし》の道徳を尊ぶ思想を口実に自分の無能さを隠し、有能な人間を退けようとする「俗儒《ぞくじゅ》」）には嫌われているとも言っている。世の中には何かにつけて人を羨んだり憎んだりする「小人」がいるが、それに振り回されることなく「善」だけを見て自分の志を全うするべきだと言っているのではないだろうか。

『人情は困《くる》しめば則《すなわ》ち振《ふ》るひ、得《う》れば則ち怠《おこた》る』

↓人の心は、苦しむと奮い立ち、思い通りになると怠ける

【原文】

人情は困《くる》しめば則《すなわ》ち振《ふ》るひ、得《う》れば則ち怠《おこた》る（安政《あんせい》四年三月二十五日『中村理三郎《なかむらりさぶろう》に贈る』より）

【訳】

「人の心は困り苦しめば奮い立ち、思うようになると怠ける」

【解説】

この一節は、松下村塾の門弟であった中村理三郎《なかむらりさぶろう》に送ったメッセージである。この時、松陰28歳、理三郎13歳であった。理三郎は成績が芳しくなかったようだが、その後学問に励み頭角を表すのである。この一節は、松陰が思うような成績を出せなかった理三郎へ励ましの意味を込めて送ったものか、成績が上がってきたことに対して、決して油断するなと忠告したのか、どちらかはわからないが、学問だけでなく、人の心に関すること全般に言える話である。われわれも肝に銘じたい。

『大器《たいき》は遅く成《な》るの理《ことわり》にて、躁《さわが》敷《し》き事にては大成《たいせい》も長久《ちょうきゅう》も相成らざる』

↓一人前のすぐれた人間になるには時間がかかるものだ

【原文】

万事《ばんじ》速《すみ》やかに成《な》れば堅固《けんこ》ならず、大器《たいき》は遅く成《な》るの理《ことわり》にて、躁《さわが》敷《し》き事にては大成《たいせい》も長久《ちょうきゅう》も相成らざる事に之れあるべく候

（嘉永《かえい》元年十月四日『明倫館《めいりんかん》御再興《ごさいこう》に付き気附書』より）

その九十六

【訳】

「全て順調に成長した人物は、意志が強く、他人に簡単に惑わされないかというと、そうでもない。すぐれた人材は、ゆっくり成長するのが道理であって、心が落ち着かない状態では末永く大成することなどない」

【解説】

これを記した嘉永《かえい》元年は、松陰がはじめて独立した師範となり、明倫館《めいりんかん》の教壇に立った年である。一方、国内では外国船がしきりに沿海に出没し、にわかに騒がしくなってきていた。激動の時代に兵学者として一人前になることを目指し、励んできた松陰の人材育成についての考えはなんとも地に足のついたものであった。早く一人前になろうと焦ってもそう思い通りに物事は運ばないものであるから、日々懸命に勤めることが優先である。そうすれば気付いた頃には、人知れず立派な人間になっているのである。

『浅き者は事の成敗《せいはい》を視《み》、深き者は人の忠奸《ちゅうかん》を視る』

↓物事の結果ではなく、その相手に真心があったか、よこしまな心があったかで判断せよ

【原文】

世人《せじん》の、事を論ずる、浅き者は事の成敗《せいはい》を視《み》、深き者は人の忠奸《ちゅうかん》を視《み》る、かくの如きのみ（安政《あんせい》三年『叢棘随筆《そうきょくずいひつ》』より）

【訳】

「世の中の人は物事を論じるとき、考えが浅はかな人は物事の勝ち負けを見る。立派な人は、人の忠心《ちゅうしん》か奸心《かんしん》かを見る、ということである」

【解説】

『叢棘随筆《そうきょくずいひつ》』は、安政3年に松陰が自宅の幽室《ゆうしつ》で記したもの。「忠心《ちゅうしん》」とは正しい心、「奸心《かんしん》」はよこしまな心と解釈できる。同じように功績を出しても、どんな気持ちでそれを行ったかが大切である。もし自分の利益だけを考えて仕事相手と接していればそれは自ずと相手に伝わり、一度功績をあげても次からは一緒に仕事をしたくないと思われるかもしれない。それでうまくやってきた人がいたとしても、いつかは化けの皮がはがれて失敗するものである。結果がすべて、とよく言うが、忠心を持って結果を出すことが正しい道なのである。

『能《あた》はざるに非《あら》ざるなり、為《な》さざるなり』

↓できないのではなく、やろうとしないのである

【原文】

能《あた》はざるに非《あら》ざるなり、為《な》さざるなり。一羽《いちう》を挙《あ》げ、輿薪《よしん》を見、枝を折るの類《たぐい》なり（安政《あんせい》二年六月二十七日『講孟劄記《こうもうさっき》』より）

【訳】

「できないのではなく、やらないのである。一枚の鳥の羽を持ち上げて、車一杯に積まれた薪を見て、枝を折るというようなことなのである」

【解説】

幕末から明治維新にかけて長州藩は大変活躍したが、それ以前は藩財政も貧窮状態にあり、他藩と大きな遅れを取っていた。松陰は我が藩の遅れを嘆き、藩を盛り立てようと奮闘していた。この一節は、広い度量で才能ある人物を登用し、国の不正を改め、忠臣たちの鬱屈《うっくつ》を晴らし、さらに幕府を尊び、外国を威服させることができれば、長門及び周防《すおう》の両藩は偉大な藩になるのに、なぜやらないのかと訴えている。その後、松陰は松下村塾で立派な志士を育て上げ、明治新政府を率いていく人材を多数有する藩に成長させていくのである。

『誰《た》れか大節《だいせつ》に臨《のぞ》みて其《そ》の身を到《いた》さん』

↓世のため人のために捨て身になれる人など、ほとんどいない

【原文】

名利《みょうり》の寰区《かんく》贋《がん》も真と作《な》る、誰《た》れか大節《だいせつ》に臨《のぞ》みて其《そ》の身を到《いた》さん（安政《あんせい》二年二月二日『僧月性《げっしょう》の詩を読む』より）

【訳】

「名誉や利益ばかり追い求める俗世間においては、時にニセモノがホンモノとされる場合もある。しかし、節義《せつぎ》を貫かねばならない時に、一体、誰が身を捨てて事に当たるであろうか」

【解説】

月性《げっしょう》は、周防国《すおうこく》の妙円寺《みょうえんじ》に生まれた僧で、法話中に海防の急務を説き尊王攘夷論を盛り立てた人物。民衆から人気を得て、「海防僧」と呼ばれていた。松陰とは詩文の批評をし合ったり、時事を語り合うなどして、仲が良かったようである。これは月性の詩を読んで、松陰が記した一節。国家や主君に対し、節義を持って身を投げ打てる人の少なさを嘆いている。松陰は、多くの子弟や同士、親族に自分の考えやこうした志を伝えていたのである。

『善の善に至らざるは、「熟」の一字を闕《か》く故なり』

↓何事も、心で考え実際に行動する「熟」の姿勢がなければ、真の習得はあり得ない

【原文】

善の善に至らざるは、「熟」の一字を闕《か》く故なり。熟とは口にて読み、読みて熟せざれば、心にて思ひ、思ひて熟せざれば行ふ。行うて又思ひ、思ひて又読む。誠《まこと》に然《しか》らば、善の善たること疑《うたが》ひなし（安政《あんせい》三年三月二十八日『講孟箚記《こうもうさっき》』より）

【訳】

「今の人が善の善に達しないのは、『熟』の一字を欠いているからである。熟とは口で読み、読んで熟さなければ、心で考え、考えて熟さなければ行動する。行動して、また考え、考えてまた読む。このようにすれば、善の善に達することは間違いない」

【解説】

松陰は、人の本性は他のどの生物より善（すぐれている）であり、さらに孔子《こうし》・孟子《もうし》の説く教えは他のどの学問より善であると言う。その、もっとも優れた人間が、もっとも優れた教えを学んでいるのに、なぜ「善の善」に達しないのか？　という一節。何事に関しても、本当に自分のものにするためには、目・耳・口・心・体を使って、自分の中でそれを熟させなければならないのである。「熟」の一字をいつも忘れずにいたいものである。

【コラム】

吉田松陰と岸信介・安倍晋三の政治思想

安倍晋三の祖父である岸信介のまた曾祖父だった佐藤信寛《のぶひろ》は吉田松陰の知人であり、松陰とその思想は、岸・佐藤・安倍家の人々にとって特別の意味がある。岸信介の愛国心にも松陰の影響が見えるが、華族制度の廃止を主張したのも、松陰の主張に沿ったという見方もある。

岸は学生時代に東京帝国大学の教師でも、民本《みんぽん》主義を唱えた吉野作造《よしのさくぞう》より国家主義者の上杉慎吉《うえすぎしんきち》に傾倒した。上杉の極端な国家主義に全面的に賛同したのではないが、吉野が主張する民主主義ならすべてを良い方向に問題解決できるという考えが甘いと思ったからで、安倍のやや強引な政治手法にも祖父譲りの民主主義への不信が見て取れる。岸は大川周明《おおかわしゅうめい》のアジア主義にも影響を受けたが、それも安倍に影響しているようだ。

北一輝《きたいっき》の国家社会主義的な考え方にも岸は影響を受けた。農商務省に入省して欧米に長期出張したとき、アメリカの資源の豊富さと国力の強大さに驚き、これに対抗するには、自由放任でなく、ドイツのように計画経済で資源を無駄なく使うことが必要だと考えるようになったが、この点についていえば、安倍はやや新自由主義的である。

安倍晋三は、岸信介の孫であるが、現役中の岸を知るわけでなく、むしろ、母親の語った理想化された祖父像を原点にしているように見える。そして、彼は母親の期待にしたがって、美しく格好良い政治家であろうとしているようだ。

安倍は吉田松陰を尊敬するというが、「美しい国」を唱え、格好良く夢を語り、摩擦を承知で信念を通そうとする姿は、松陰の弟子の中で、高杉晋作、伊藤博文、山縣有朋、さらには、岸信介の現実主義より、杉文《ふみ》の最初の夫であり行動主義を貫き蛤《はまぐり》御門《ごもん》の変で花と散った久坂玄瑞に通じるところがある。

おわりに

古今東西、人の人生を導く灯火のようになる書物は、偉大な思想家が自ら書いたものより、それを弟子たちや後世の崇拝者がわかりやすいようにまとめたものがほとんどだ。三大宗教にしても、キリスト教の新約聖書、仏教の経典、イスラム教のコーラン（クルアーン）などすべてそうだ。中国の儒教でも「論語」は孔子の弟子たちがその言葉を集めた物だ。

いかに素晴らしい言葉であっても、それが使われた背景などを知らなければ、優れた思想家の真意を知ることはできない。うっかりすると、真意と反対のように理解することもあるし、現代においては意味がないとか不都合な結果を招く忠告であったりすることもある。

また、過去にまとめられた名言集も同様に時代的背景があってのものが多く、現代人のニーズに応えないことも多い。

そういう意味で、安倍首相が取り上げたり、ＮＨＫ大河ドラマ『花燃ゆ』で吉田松陰に興味を持つ人が多く出てくるであろうこのタイミングで、現代人のための「松陰論語」「松陰バイブル」というべき本書を提案できるのは意義の深いことだと思う。

また、間違えられやすいので付け加えておくと、松陰は激しい言葉を連ねているが、「一言する時は必ず温然和気婦人好女の如し」と言っている。実際に松陰は実に穏やかで落ち着いた印象を与える人物だったらしい。何かをしよう、誰かを説得しようとするとき、気迫を示そうとするあまり恐れや威圧を与えることは常に愚劣だということを肝に銘じておくべきだ。

そういう態度をとり、しかも、「人賢愚ありと雖《いえど》も各々一、二の斎の運なきはなし」という松陰の個性を重んじる広い心を持ち、そして、高い理想と行動の果敢さを併せ持てば、人生の成功をもたらすこと疑いないだろう。

八幡和郎

編集・執筆　verb（井上真規子、成田敏史）
デザイン　佐藤遥子

本書は書き下ろし文庫です。

参考文献

『吉田松陰全集』（山口県教育会編　岩波書店）
『吉田松陰書簡集』（広瀬豊編　岩波文庫）
『講孟箚記 上・下』（近藤啓吾訳　講談社学術文庫）
『吉田松陰 武と儒による人間像』（河上徹太郎著　中公文庫）
『吉田松陰名語録 人間を磨く百三十の名言』（川口雅昭著　致知出版社）
『吉田松陰一日一言 魂を鼓舞する感奮語録』（川口雅昭編　致知出版社）
『吉田松陰の学ぶ男の磨き方』（川口雅昭編　致知出版社）
『山口の歴史シリーズ 二十一回猛士（吉田松陰）』（ザメディアジョン）
『吉田松陰著作選　留魂録・幽囚録・回顧録』（奈良本辰也著・訳　講談社学術文庫）
『一番詳しい　吉田松陰と松下村塾のすべて』（奈良本辰也編　中経出版）

●監修

八幡和郎（やわた・かずお）

1951年、滋賀県大津市生まれ。作家・評論家、徳島文理大学大学院教授。国土庁長官官房参事官、通商産業省大臣官房情報管理課長などを歴任後、テレビなどでも活躍中。著書・監修本は『本当は誤解だらけの「日本近現代史」　世界から賞賛される栄光の時代』『本当は恐ろしい江戸時代』（ともにソフトバンク新書）、『世界の王室うんちく大全』（平凡社新書）、『江戸三〇〇藩　最後の藩主』（光文社）、『別冊宝島　戦国武将の通知表』『別冊宝島　幕末藩主の通知表』『別冊宝島　江戸幕府を動かした70人の通知表』『別冊宝島　軍師黒田官兵衛 その戦略と生涯』（すべて宝島社）ほか多数。

宝島SUGOI文庫

吉田松陰名言集
思えば得るあり学べば為すあり
（よしだしょういんめいげんしゅう　おもえばうるありまなべばなすあり）

2014年10月18日　第1刷発行
2024年12月19日　第3刷発行

監　修　八幡和郎
発行人　関川 誠
発行所　株式会社 宝島社
〒102-8388　東京都千代田区一番町25番地
電話：営業 03(3234)4621／編集 03(3239)0646
https://tkj.jp
印刷・製本　中央精版印刷株式会社

ISBN978-4-8002-3122-2